IDEALIZADO POR
IZIDORO K. WEBER

IRONIAS DE CELEBRIDADES

Editora InVerso
® 2022. Editora Inverso

R. Doutor Goulin, 1523 Alto da Glória
CEP 80040-280 Curitiba-PR
(41) 3254-1616 e (41) 3558-8001
editorainverso@editorainverso.com.br
www.editorainverso.com.br
Facebook.com/editorainverso
Instagram @editorainverso

COORDENAÇÃO EDITORIAL/ EDITORA
Cristina Jones

REVISÃO
Bárbara Martins Wieler

ILUSTRAÇÃO
Solda

CAPA, PROJETO GRÁFICO, DESIGN E DIREÇÃO DE ARTE
Adriane Baldini

DADOS INTERNACIONAIS DE CATALOGAÇÃO NA PUBLICAÇÃO (CIP)
Mona Youssef Hammoud – CRB/ 9ª 1393

W373i

WEBER, Izidoro K.; WEDDERHOFF, Paulo H. (org.). **Ironias de celebridades.**
Curitiba : Ed. InVerso, 2022 **(2.ª ED revisada)**
120p. 15 x 18 cm PTBR

ISBN: 978-85-5540-288-3

1. Citações. 2. Celebridades Históricas. 3. Compilação. 4. Ironias.
I.Título

CDD: 869.34

Ironias: 330.10 Contos e crônicas: 869.34

Aos amigos e familiares, sem cuja preciosa colaboração, este livro poderia ter sido bem melhor e feito em muito menos tempo.

INTRODUÇÃO

"Meus amigos! Não existem amigos!" **Sócrates**

"Nós estamos neste negócio, basicamente, para divertir, porém não há mal algum se nós, no processo de divertir, pudermos também educar." **Darryl Zanuck,** referindo-se ao cinema. Fazemos suas palavras extensivas ao propósito da presente antologia.

"Quando você rouba de um autor é plágio; quando você rouba de vários é pesquisa." **Wilson Mizner**

"Todos os meus melhores pensamentos me foram roubados pelos antigos." **Ralph Waldo Emerson**

"Adão é que teve sorte: quando dizia alguma coisa interessante, sabia que ninguém havia dito antes." **Mark Twain**

"Não quero que este filme seja um sucesso. Quero apenas que cada homem, cada mulher, cada criança, em todos os lares, o vejam." **Sam Goldwyn,** sobre o seu filme *Best Years of Our Lives.* Gostaríamos de traduzir o mesmo sentimento em relação a esta coleção.

"Senhor, nunca lhe fiz mal algum; no entanto, o senhor insiste em que eu leia o seu livro. " **Samuel Johnson,** para Herrick.

“Desde o momento em que abri o teu livro, até quando o fechei, fui convulsionado por gargalhadas. Qualquer dia pretendo lê-lo.”
Groucho Marx

SUMÁRIO

ADULTÉRIO

"Quebra de contrato civil e religioso vitalício, com substituição do sócio, sem aviso prévio: adultério." **Millôr Fernandes**

"A infidelidade é a única coisa à que os homens são fiéis." **Horace Smith**

"Tenha certeza de somente sair com homens. Eu farei o mesmo aqui em casa." Esposa aconselhando marido em viagem. **Anônimo**

"As mulheres desconfiam muito do homem, em geral, e pouco, em particular." **Commerson**

"Os homens são sempre fiéis. Apenas mudam de sinceridade." **Tristan Bernard**

"Sempre fui fiel a vários homens ao mesmo tempo." **Mae West**

"Quando há cheiro de bode, não se deve amarrar a cabrita no cercado da vizinha." **Sérgio Porto**

"Não se preocupe! Era o meu marido que telefonou dizendo que não vem cedo para casa porque está jogando baralho com você." **Casualidade moderna.**

"Este ano, eu vou sair de diabo / Já tenho chifre / Só me falta o rabo" **Marchinha carnavalesca de 1957**

"Adultério é democracia aplicada ao amor." **Mencken**

"A infidelidade é a única coisa
à que os homens são fiéis".
Horace Smith

ADVERSIDADE

"A adversidade apresenta o homem a si mesmo." **Gray**

"Olhai os animais: eles não se desesperam. Animai-vos." **Millôr Fernandes**

"Recordo-me de tempos tão difíceis, em que minhas calças ficavam tão gastas que, se eu me sentasse em cima de uma moeda, poderia dizer se era cara ou coroa." **Spencer Tracy**

"Quem come carne de pescoço fica com os dentes afiados." **Domínio popular**

"Jesus chorou." **João, XI, 35** (versículo mais curto da Bíblia.)

"Tente a primeira vez, se não der certo, tente de novo; se não der, largue mão. Não há motivo para ficar bancando o bobo." **W.C. Fields**

"Parecia que cada rabanete que eu arrancava tinha uma hipoteca atada a ele." **Ed Wyn,** explicando por que teve que vender a fazenda.

"Ando mais atrapalhado do que cachorro caído de caminhão de mudanças." **Sabedoria popular**

"Pegue o touro pelos dentes!" **Sam Goldwyn**

"Forte na adversidade. Modesto na opulência." Inscrição em uma casa de **Münster, Alemanha Ocidental**

''Dos males, o melhor." **Luiz Carlos Oliveira (Bolão),** comentando um empate adverso de sua equipe.

"Eu chorarei amanhã/Hoje não posso chorar..." **Carnaval, 1962**

"Já ando caçando serelepe com chapéu." **Schede (Peito Roxo)**

"E eu, que não tinha sapatos, encontrei um homem que não tinha pés." **Shao-Lin**

"À galinha pouco se lhe dá o aumento do preço do ovo. Para ela, o aumento do ovo só tem importância em relação ao diâmetro." **Sérgio Porto**

"Garçom, o que há de errado com este ovo?" "Não sei, não. Eu somente pus a mesa!" Relatado por **Brat Chad**

"Na Itália, durante trinta anos, sob os Bórgias, eles tiveram guerra, morte e banhos de sangue. Produziram Michelangelo, Leonardo da Vinci e a Renascença. A Suíça teve amor fraternal e quinhentos anos de democracia e paz. O que eles produziram? O relógio-cuco!" **Orson Welles, em The Third Man**

"Mira la Celeste!" **Obdúlio Varella**, mostrando a camisa azul, uruguaia, em nossa derrota, na final da Copa de 1950.

"Com a sorte que eu tenho, vou acabar arranjando uma perna-de-pau com a inscrição: João Ama Maria." **Arthur Caesar,** comentando a amputação da própria perna.

"David, você e eu temos um problema terrível. Você tem Clark Gable e eu o quero." **Sam Goldwyn,** para **David Selznick,** que mantinha o ator sob contrato.

"Pimenta, nos olhos dos outros, é orégano."
Creditado a **Vicente Matheus**

"Sabe, Sargento, não estou barbeado porque esta manhã estávamos em oito usando o mesmo espelho, e eu devo ter feito a barba de um colega, por engano." Relatado por **L. Brown**

"A situação fedia mais do que arroto de corvo." **Nico Fagundes**

"O famoso vidente não comparecerá ao show, hoje à noite, devido a circunstâncias imprevistas." Anúncio em **Whitechapel, Londres.**

"Tente a primeira vez, se não der certo, tente de novo; se não der, largue mão. Não há motivo para ficar bancando o bobo." **W. C. Fields**

AMIZADE

"Amigos, romanos, compatriotas! Emprestem-me seus ouvidos!" **W. Shakespeare** em Julius Caesar, ato III, cena 2.

"Amizade é uma paixão que não foi para a cama." **Millôr Fernandes**

"Acho que este é o começo de uma grande amizade." **Claude Rains,** para Humphrey Bogart em Casablanca.

"Sou uma figura controvertida, ou os meus amigos me detestam, ou não gostam de mim." **Oscar Levant**

"Admoeste os amigos em particular, e os elogie em público." **Rainha Catarina, a Grande**

"Et tu, Brute!" ("You too, Brutus!") **W. Shakespeare,** em Julius Caesar, ato III, cena I.

"É preciso teu inimigo e teu amigo para te magoar o coração. O primeiro, para te caluniar, e o segundo, para te trazer a notícia." **Mark Twain**

"Nos tempos bons você conhece os amigos pela quantidade; nos tempos difíceis, pela qualidade." **Jerrold**

"Quando tudo vai bem você conhece os amigos; quando vai mal, você os testa." **Swift**

"O monstro foi meu melhor amigo." **Boris Karloff,** sobre seu famoso personagem, Frankestein.

"Amigo na necessidade é amigo de verdade." **Provérbio inglês**

Bernard Shaw mandou dois ingressos para a estreia de uma de suas peças para Sir Winston Churchill, com o seguinte recado: *"TRAGA UM AMIGO - SE TIVER UM."* Churchill lamentou não poder ir, mas pediu ingressos para a segunda apresentação e acrescentou: *"...SE HOUVER UMA."*

"Um amigo é uma alma em dois corpos." **Aristóteles**

"É mais fácil perdoar um inimigo do que um amigo."
Dorotheè Deluzy

"O destino escolhe nossos pais, mas nós escolhemos nossos amigos."
Delille

"Amigos são como melões. Para se achar um bom, é preciso que se provem cem." **Claude Memet**

"Deus me livre dos amigos que eu me protejo dos inimigos."
Marshall de Villais

"Vou sentir saudades de Hollywood, dos vinte e seis amigos que eu pensava ter, e dos seis que eu realmente tinha." **Lauren Bacall**

"A única maneira de se ter amigos é ser um amigo."
Ralph Waldo Emerson, em *Of Friendship.*

AMOR

“Amor — um grande distúrbio mental.” **Platão**

“O amor é um golpe baixo da Natureza para garantir a procriação da espécie.” **W. Somerset Maugham**

“Amor, dinheiro e lua não têm estabilidade. Parando de crescer, começam logo a diminuir.” **Sérgio Porto**

“Cri de coeur.” *(grito do coração).* **Apelo apaixonado.**

“Não brigue comigo na chuva, senão você não verá as lágrimas escorrerem em meu rosto.” **Fats Domino**

“Seus olhos são como estrelas que brilham na noite, seus lábios têm gosto de vinho. Repita para as outras!” Atribuído a um **sultão árabe,** em seu harém. Extraído do Worst Book.

“Tu cavaste a minha dor com a pá do fingimento e cobriste o nosso amor com a cal do esquecimento.” **Noel Rosa**

“A ausência é para o amor o que o vento é para o fogo: apaga o pequeno, aviva o forte.” **Bussy-Rabutin**

“O amor, a tosse e a fumaça são coisas que não podem ser mantidas em segredo.” Extraído de **Dichos en Colombia**.

“O homem ama pouco e muitas vezes; a mulher ama muito e poucas vezes.” **Basta**

"É melhor ter amado e perdido do que não ter amado."
Lord Tennyson

"O amor é um oceano de emoções inteiramente cercado de despesas." **Lord Dewar**

"Para mim, amor por uma pessoa é: respeitar seus sentimentos particulares, respeitar sua privacidade e aceitar seus defeitos."
Clint Eastwood

"O primeiro sinal de amor é o último de bom senso." **Antoine Bret**

"Ela iludindo, eu acreditando: o que mais podem dois apaixonados desejar?" **Sedley**

"Como são sábios os que são tolos no amor." **Joshua Cooke**

"Não vi senão você, não admirei senão você e só quero a você."
Napoleão Bonaparte, à condessa polonesa Maria Walewska.

"Guardei o sapato dela / O vestido e a chinela / Para minha recordação/E até meu perdigueiro / Encolhido no terreiro / Sofre muito mais que eu..." **Poesia sertaneja.**

"O amor faz até os cachorros latirem em rima." **John Fletcher**

APARÊNCIA

"A couve-flor nada mais é do que um repolho com grau universitário." **Mark Twain**

"Lembre-se de que as coisas mais lindas do mundo são inúteis: o pavão e a orquídea, por exemplo." **Ruskin**

"Até a minha caricatura ri de mim." **Lamartine Babo**

"Elogio é uma mentira em traje de gala." **Swinbume**

"Antes eu era um lobisomem, agora estou bem melhor... AUUUUUU." **Grafitti** em um muro de Londres.

"Ele tinha um mau gosto impecável." **Otis Ferguson**

"Bom gosto é a flor do bom senso." **Poincelot**

"A moda é um tipo de feiura tão intolerável que tem de ser mudada a cada seis meses." **Oscar Wilde**

"É um horror de bonito!" **Dona Luísa** (a vizinha)

"Todos os jogadores tinham apelido, inclusive o Parecido, porque fazia um sorriso igual ao do Sr. Juraci Magalhães sempre que acertava um." **Sérgio Porto**

"Mais lustroso do que telefone de açougue." **Origem gaúcha**

"Ela deve sua beleza ao pai — ele é cirurgião plástico." **O'Flaherty**

“Você estaria mais seguro confiando uma cenoura a um coelho do que nele. “ **Autoria desconhecida.**

“Gordo qual parceiro de cozinheira.” **Nico Fagundes**

“Ela usa vestidos tão apertados que os homens mal conseguem respirar.” **De Ville**

“Com aquele vestido não se sabe se ela quer pegar um homem ou um resfriado.” **Anônimo**

“Ela tinge tanto os cabelos que tem caspa em technicolor. “ **De Ville**

“Tão magro que, quando usa um terno preto, parece um guarda-chuva!” **De Chantelli**

“Roupa apertada não lhe causa problemas de circulação. Quanto mais apertada, mais ela circula. “ **Sam Levitt**

— Pai, aí fora tem um homem com uma cara gozada que quer falar com o senhor.
— Diz pra ele que eu já tenho uma.
Humor inglês

“Mais sujo do que guardanapo de mecânico.” **Popular**

“Ela tinha o olhar meigo de vaca atolada.” **Popular**

“A maneira como ela se veste dá a impressão de que as roupas foram jogadas nela com um garfo de feno.” **Swift**

“Déshabillé.” Definição de quem está vestido inadequadamente.

“Por que você não corta o cabelo? Parece um crisântemo!”
P. G. Woodhouse

“Os sapatos das mulheres inglesas parecem ter sido feitos por alguém que somente ouviu falar em sapatos, mas jamais viu um.” **Margareth Halsey**

“Pra quem gosta de jiló, tamanco é sandália.” **Sérgio Porto**

“Dernier cri.” Expressão para indicar a última moda.

“Evidente como um nariz no rosto de um homem.” **Rabelais**

“Meus olhos são como os de um peixe morto.” **Marlon Brando**

— A Polícia está procurando por um homem com um olho, chamado MacPherson.
— Como é o nome do outro olho?
Humor inglês.

“Não existe melhor cosmético para a beleza do que a felicidade.” **Lady Blessington**

“Nem tudo que é bonito é bom; mas tudo que é bom é bonito.” **Ninon de L’Enclos,** cortesã francesa que, em 1660, fundou, em Paris, uma escola para ensinar a jovem aristocracia a fazer amor.

“Existem duas razões pelas quais os homens querem vê-la. Essas duas são suficientes. “ **Howard Hughes,** sobre Jane Russell, atriz famosa pela beleza dos seios.

“Se o novo espantalho é bom? Os passarinhos, de tão assustados, trouxeram de volta todas as sementes que haviam roubado na semana passada.” **Tommy Fileberg**

Em uma passagem estreita:
— *“A idade antes da beleza”.* **Clare Booth,** cedendo o lado.
— *“A pérola antes dos porcos”.* **Dorothy Parker,** passando.

“Não confie em baixinho. O cérebro está muito próximo ao traseiro.” **Noel Coward**

“Por que você fica sentado aí, como se fosse um envelope sem endereço?” **Mark Twain**

“Dizem que ele sabe cavalgar como se fosse parte do cavalo. Só não dizem qual a parte.” **Robert Sherwood,** sobre Tom Mix.

— O que é preto, perigoso e se esconde nas árvores?
— Um corvo com uma metralhadora!
Adivinhação inglesa.

“Números redondos são falsos.” **Samuel Johnson**

"Com o chapéu quebrado na testa, como quem vai beijar santo em parede." **Ivan Taborda**

"Eu sou pura como uma enxurrada." **Tallulah Bankhead**

"Sua voz era tão íntima como o roçar de lençóis." **Dorothy Parker**

"E como é que descobriram?" **Dorothy Parker,** quando lhe contaram que o presidente americano Calvin Coolidge havia falecido.

"OI koret." Relatório de um **general,** durante a guerra de independência americana, que originou a expressão "OK" para indicar que tudo está bem. (Corruptela de *"All Correct."*)

"Mais mimoso do que gato de solteirona." **Popular.**

ATOR

Affred Hitchcock: *"Atores são gado!"*
Michael Winner: *"Mas, então, Alfred, mostre-me uma vaca que ganha um milhão de dólares por filme!"*

"Não sou um ator. Sou um reator." **John Wayne**

"Ser ator não é importante no esquema das coisas. Ser encanador é." **Spencer Tracy**

"O público me aplaudiria se eu fosse um bom encanador"? **Marlon Brando**

“Spencer tinha uma vaga impressão de que ser ator não era uma profissão para homem.” **Katherine Hepburn,** sobre Spencer Tracy.

“Spencer é o melhor que nós temos. Ele atua com tamanha naturalidade que não se percebe o mecanismo que há por detrás.” **Humphrey Bogart,** sobre Spencer Tracy

“Ator é uma pessoa que, se você não está falando dele, ele não está ouvindo.” **Marlon Brando**

“Só fui para a cama com pessoas. Nunca com atrizes.” **Darryl Zanuck**

“Era como dirigir a cachorra Lassie. Precisava-se de quinze tomadas para se obter uma boa.” **Otto Preminger,** sobre Marylin Monroe.

“Eu não sou um ator e nunca fui — o que as pessoas veem na tela sou eu mesmo.” **Clark Gable**

“O público sempre pensou que eu fosse um playboy, e um bom sujeito não decepciona o seu público.” **Eroll Flynn**

“Representar é uma questão de absorver a personalidade de outras pessoas e adicionar algo de sua própria experiência.” **Paul Newman**

“Eu acho que é porque nasci com duas bolas de cristal.” **Alfred Hitchcock,** explicando sua habilidade em lançar atrizes desconhecidas que, invariavelmente, se tornavam estrelas.

“Você poderia jogar uma pedra na vidraça e atingir dez atores que poderiam fazer o meu papel. Aconteceu que eu estava no lugar certo, na hora certa.” **Boris Karloff,** sobre sua escolha para interpretar o monstro Frankestein.

"Eu sou diretora da Escola do Estácio de Sá. E felicidade maior, neste mundo, não há. Já fui convidada para ser estrela do nosso cinema. Ser estrela é bem fácil, sair do Estácio é que é o X do problema." **Araci de Almeida** (verso de Noel Rosa).

"Você pode imaginar ser maravilhosamente bem pago só para se vestir bem e fazer de conta?" **David Niven**

"Eu não interpreto ninguém. Em todos os filmes, eu sempre fiz o papel de John Wayne. Até que não fui de todo mal, fui?" **John Wayne**

"Diga a ela que, nos Estados Unidos, os homens não gostam de mulheres gordas." **Louis B. Mayer,** quando o agente lhe apresentou a bem proporcionada sueca Greta Garbo (Gustafsson).

"Eu me sentia como um impostor recebendo todo aquele dinheiro para recitar umas dez ou doze linhas de bobagens por dia." **Eroll Flynn**

"Posso não ser uma grande atriz, mas me tornei a melhor, em orgasmos, na tela. Dez minutos de respiração pesada, rolo a cabeça de um lado para outro, simulo um leve ataque de asma e finjo morrer um pouquinho." **Candice Bergen**

"Tennis? Anyone?" *("Tênis? Alguém?")* As duas primeiras palavras pronunciadas por **Humphrey Bogart,** em um palco, como ator profissional.

"Vou te responder em duas palavras: im - possível." **Sam Goldwyn,** a um ator que pedia aumento salarial.

"Falando dos astros da tela, lá está o mosquito". **Franklin Adams**

"Uma vez que você se torna um astro da tela, as pessoas começam logo a te fazer perguntas sobre política, astronomia, arqueologia e controle de natalidade." **Marlon Brando**

BASTARDOS

"Aquele bastardo de saudosa memória." **Altino Borba**

"Ele é um bastardo, mas é o nosso bastardo. Vamos apoiá-lo!" **George Ellen**

"Perdeu-se um papagaio. Gratifica-se quem o encontrar. Costuma atender ao chamado de *'venha cá, seu bastardinho'*." Extraído de programa da **BBC,** Londres, 1981.

"Não poderia tê-lo chamado de bastardo — naquele tempo, eu não sabia que ele o era." **John F. Kennedy,** sobre John Diefenbaker.

Cecil B. de Mille, em meio às filmagens, mandou um ator repetir, em voz alta, o insulto que ele mal ouvira. "Eu disse: será que este bastardo não vai nos dar uma hora para o almoço?"

"Hora de almoço!" Respondeu **De Mille**, após consultar o relógio.

"A próxima vez que eu precisar que um bastardo vá fazer alguma coisa, irei eu mesmo." **Michael Curtiz**

"Conheço bastante este país para saber que há nele tantos bastardos que é preciso alguém para representá-los." **Calvin Coolidge,** presidente dos Estados Unidos, sobre certo senador que o desgostara.

BEBIDAS

"Vamos comer e beber; pois amanhã morreremos."
Bíblia — Isaías XXII, 13

"Dieta equilibrada: um copo em cada mão." **Autoria desconhecida.**

— *Aquilo lá em cima é o sol ou a lua?*
— *Eu não sei. Não moro neste bairro.*
Pedro Gogorô e **Betoneira**, de manhãzinha, depois de tomar todas pela noite.

"Somente dos bêbados não se deve olhar nos olhos: eles pensam que é um conhecido e vêm falar com você" **Sabedoria popular.**

— É minha mulher que me leva a beber.
— Você tem sorte. Eu tenho que ir sozinho.
Extraído do Worst Book.

"Beba do meu vinho, e deixe um beijo no meu copo." **Ben Johnson**

"Depois do terceiro drink, eu já penso que sou São Francisco de Assis." **Dorothy Parker** (indispensável convidada às festas de Hollywood, em alusão ao fato de que o Santo falava com os animais.)

"Bebei! Pois não sabeis de onde viestes e nem por quê! Bebei! Pois não sabeis para onde ides e nem quando!" **Omar Khayyám,** em Rubayat

"O vinho é a mais saudável e higiênica das bebidas." **Louis Pasteur**

“Meu garçom não me compreende.” Marido, bebendo em casa. **Autoria indeterminada.**

“Baco já afogou mais homens do que Netuno.” **Garibaldi** *(Baco é o deus do vinho e Netuno, do mar.)*

“Eu nunca bebo água. Os peixes têm relações sexuais nela.”
W. C. Fields

“Três homens dividiam entre si uma garrafa de whisky. Depois de beberem toda a garrafa, um deles se retirou e os outros dois ficaram tentando adivinhar quem havia ido embora.”
Alexander Woolcott

“Precisa-se de governante que não seja alcoólatra. Já existe um na família.” Classificado do **The Sun,** Londres, 1974.

“E quem é que está com pressa?” **Robert Benchley,** ao lhe informarem que bebidas alcoólicas são um *‘envenenamento lento.’*

“Alguém tirou a rolha do meu lanche!” **W. C. Fields**

“Meu pai me contou que se você estiver sóbrio e sem beber durante semanas, e cinco pessoas sadias e inteligentes te olharem e disserem que você está bêbado, a melhor coisa é não discutir, mas se deitar e tirar uma soneca.” **Joseph Schenck**

“Embriaguez nada mais é do que insanidade voluntária” **Sêneca**

“Diz a ele que não pagamos mais do que cinco dólares por garrafa.” **Padre MacCloskey,** a um jovem padre, sobre que conselho dar a um contrabandista de whisky.

Bessie Bradock: *Winston, você está bêbado!*
W. Churchill: *Bessie, você é feia, mas amanhã eu estarei sóbrio outra vez.*

“Uma vez me apaixonei por uma loira que me levou a beber. Esta é a única coisa que eu lhe devo.” **W. C. Fields**

“O que os homens veem nas mulheres, bêbados, eles viam em Greta Garbo quando estavam sóbrios.” **Kenneth Tynan**

“Vamos sair destas roupas molhadas e entrar logo em um martíni seco.” **Robert Benchley**

“Toma trrrês chopp, non ter prrroblema; toma trrreze chopp, non ter prroblema; toma trrrinta chopp, non ter prroblema; toma quarrenta chopp, non ter prroblema. Agorra, non pode exacherrar!”
Fritz Müller, aconselhando Roberto C. do Amaral.

"Qualquer porto, em uma tempestade." *(Any port in a storm.)*
Heywood Broun, quando somente havia bebidas de qualidade inferior.

Lady Astor: *Winston, se você fosse meu marido, eu encheria o teu copo de veneno!*
W. Churchill: *Madame, se a Sra. tosse minha esposa, eu beberia um copo de veneno.*

"Acho que este whisky comprado no Paraguai é falso. Nunca havia visto essa marca: Old Stroessner." Relatado por **Juramir Teles**

BEIJOS

"Deus! Só fico imaginando o que poderia ter se passado pela cabeça do louco quando este teve a ideia de inventar o beijo." **Swift**

"O beijo pode ser antissanitário, mas não conheço maneira mais agradável de se apanhar um germe." **Autoria indeterminada.**

"Algumas mulheres enrubescem ao serem beijadas, algumas chamam a polícia, outras praguejam e algumas mordem, mas as piores de todas são aquelas que dão risadas." **Berry**

"A alma encontra a alma nos lábios dos amantes." **Percy Shelley**

"Está certo que me deem beijos quando marco gols, mas esse novo meia-direita já anda me mandando flores e chocolates!" **Haggey,** centroavante inglês.

CAPACIDADE

"Capacidade é de pouco valor se não existir a oportunidade."
Napoleão Bonaparte

"Não era capaz de escrever o nome de OTO ao contrário."
Henry Lewis

"É o mesmo que soltar um bode para atender a horta!" **Sérgio Porto**

"Sua imaginação era como as asas da avestruz. Permitiam-lhe correr, mas não voar." **Thomas Babington Macaulay**

"Nós julgamos pelo que nos sentimos capazes de fazer, enquanto os outros nos julgam pelo que fazemos." **Henry Longfellow**

"Atrás de cada homem capaz existem, sempre, outros homens capazes." **Chung-Ho**

CASAMENTO

"Ela está com má digestão matrimonial. Deve ter sido alguma coisa com que ela se casou que está lhe fazendo mal." Relatado por **Geoffrey Masters.**

“O noivo estava mais faceiro do que gansinho novo em taipa de açude.” **Origem gaúcha.**

“Mais saudoso do que cuera recém-casado em tropeada longa”. **Origem gaúcha.**

“O casamento põe fim a uma porção de curtas asneiras — e começa uma única longa estupidez.” **Friedrich Nietzsche**

“Nunca se casarão. Ela não casa com ele bêbado e ele não casa com ela sóbrio.” Relatado por **Joe Grand.**

“Uma vez bateram nele por beijar a noiva... dois anos depois da cerimônia.” Relatado por **Larisse Harris.**

— A filha do Sr. Geraldo vai se casar? E quem é o felizardo?
— O Sr. Geraldo!
Relatado por **Ingrid Karstein.**

“Se sua filha casar bem, você ganha um filho; se casar mal, você perde uma filha.” **Quarles**

“O casamento é um jogo especial: ou ganham os dois, ou ambos perdem.” **Grit**

“O casamento é um romance em que o herói morre no primeiro capítulo.” **Juggler**

“Eu sempre achei que todas as mulheres deveriam se casar; mas não os homens!” **Disraeli**

“O máximo que se pode dizer sobre o casamento é que, ainda, ele contínua sendo a melhor maneira de duas pessoas realmente se conhecerem.” **Heywood Braun**

"O homem não deve se casar quando jovem; quando idoso, de jeito nenhum!" **Francis Bacon**

"Se os homens, depois do casamento, se portassem do mesmo modo que durante o noivado, haveria a metade dos divórcios e o dobro das falências." Extraído de **Family Happiness**

"Casamento é um terrível negócio: obriga-se a amar por contrato."
Bussy-Rabutin

"Felicidade é estar casada com o nosso melhor amigo."
Barbara Woeks

"Meu casamento, agora, é somente uma questão de dias. Uns dez mil dias." **Gaspar**

"Não podíamos viver juntos: eu tinha defeitos terríveis e ela, qualidades insuportáveis." **Mirabeau**

"Dizem que tenho horror ao batente / Que não sou decente. /
Pode crer quem quiser / Que eu sou fingido e malvado. /
E até sou casado / São mentiras de mulher."
Noel Rosa

"Enquanto não aparece o homem certo, ela fica treinando com os homens errados." **Samuel Levenson**

"Não é bom que um homem fique sozinho." **Bíblia,** Gênesis, li, 23.

"Um homem sozinho é incompleto. Parece uma tesoura com um só lado." **Benjamin Franklin**

"Nunca aconselhe alguém a ir para guerra ou a se casar." **Origem espanhola.**

"Adão comeu a maçã de Eva e nós é que, ainda, até hoje estamos com dor de barriga." **Inconformação húngara.**

"Todos os casamentos são felizes. É tentar viver juntos, depois deles, que estraga tudo." **Shelley Winters**

"E desde o começo, assim é esta instituição: os que estão dentro querem sair, e os que estão fora querem entrar." **Ralph Waldo Emerson,** extraído de The Representative Man.

"O casamento é uma instituição boa para quem gosta de viver em instituições." Atribuída ao **120851,** presidiário em Sing-Sing.

"Casamento — alto mar para o qual ainda não se descobriu uma bússola." **Henrich Heine**

"Casamento é uma loteria, na qual o homem aposta sua liberdade, e a mulher, sua felicidade." **Madame de Rieaux**

"Se casamento é uma loteria, eu casei com um bilhete corrido." **Visão popular da citação.**

"O casamento é o único assunto sobre o qual todas as mulheres concordam, e todos os homens discordam." **Oscar Wilde**

"A mulher deve se casar com o homem que a ama, e não com o homem que ela ama." **Sabedoria árabe.**

"A mulher chora antes do casamento; o homem, depois." **Prohask**

"Se eu fosse homem, ela seria a mulher com quem me casaria." **Jane Fonda,** sobre Vanessa Redgrave.

"Casar uma vez é dever; duas, é estupidez; três, é insanidade." **Origem dinamarquesa.**

"É de destruir os nervos, você ser amável, todo o dia, para com o mesmo ser humano." **Disraeli**

"Um par feliz, como uma nação feliz, não tem história. As manchetes não se interessam pela tranquilidade." **Millôr Fernandes**

"Deus! Duas pessoas vivendo juntas, para o resto da vida, não me parece natural!" **Jane Fonda**

"Foi bom que Deus permitiu que Thomas Carlyle se casasse com a Sra. Carly e, fazendo assim, somente duas pessoas infelizes ao invés de quatro." **Samuel Butler**

"Algumas rezam para se casar com o homem a quem amam; eu rezo para amar o homem com quem me casar." **Rose Pastor Stokes**

"Puxa! Olhe aí, outro instante de triunfo da esperança sobre a experiência." **Samuel Johnson,** comentando o segundo casamento de um amigo.

Marido: *Se você morrer, eu enlouqueço!*
Esposa: *Que nada, acho que você logo casaria com outra.*
Marido: *Também não vou ficar tão louco assim!*
Popular

"É dever de toda a mulher se casar o mais breve possível; e o do homem, manter-se solteiro por mais tempo que puder."
Bernard Shaw

"Mantenha os olhos bem abertos antes do casamento, e semicerrados depois." **Thomas Fuller,** em *Introduction to Prudence.*

"Já dei tantas joias para ela que, agora, tenho que me casar com ela para não perder o investimento." **Atribuído a vários.**

"É uma questão de compatibilidade. Nós dois gostamos de brigar."
Harry Tuggend, explicando casamento de mais de quarenta anos.

"Existem várias formas de uma certa doença em que a vítima não pode dizer NÃO. Algumas são mais sérias do que as outras e, frequentemente, levam a vítima à cadeira elétrica ou ao casamento."
Robert Benchley

"Final de historinha moderna: aí, eles não se casaram e foram felizes para sempre." **Millôr Fernandes**

CINEMA

"Cinema é diversão — mensagem é com o correio." **Sam Goldwyn**

"O cinema, como as histórias de detetives, faz possível experimentar, sem perigo, toda a paixão, excitamento e desejo que devem ser suprimidos na ordem humanitária da sociedade." **Carl Jung**

"Em terra de cegos, abrir cinema é bobagem." **Millôr Fernandes**

"Há quanto tempo estou neste negócio? Ih, desde os tempos em que Doris Day era virgem." **Oscar Levant**

"Deixe-me contar sobre o que é este negócio de cinema: é sobre vaginas e cavalos!" **Harry Cohn,** fundador da Columbia Pictures.

"Neste negócio é cão comendo cão, e ninguém vai me comer!" **Sam Goldwyn,** um dos fundadores da Metro Goldwyn Mayer.

"De todas as artes, o cinema é a mais importante, para nós." **Vladimir Ilyich Lenin**

"Só existe uma maneira de se entrar para o cinema quando se tem tão pouco talento como eu: conhecendo alguém!" **Don Siegel,** um dos mais talentosos e consagrados diretores.

"Meu jovem, você pode ficar agradecido que minha invenção não está à venda, pois ela fatalmente te arruinaria. Ela poderá ser explorada, por certo período, como curiosidade científica, mas além disso não terá valor comercial algum." **Auguste Lumiere,** em 1895, sobre sua invenção, a cinematografia.

CIÚMES

"Aquele que não tem ciúme não tem amor."
Citação duvidosa de **Santo Agostinho.**

"O ciúme tem olhos verdes". **Percy Shelley**

"Olhos azuis dizem: se você não me amar, eu morro. Olhos negros dizem: se você não me amar, eu mato!" **Cordona de Las Torres**

"Ciúmes é mais amor-próprio do que amor." Citação mais parecida de **La Rochefoucald.**

COMPORTAMENTO

“Não entendo quem escolhe o caminho do crime quando há tantas maneiras legais de ser desonesto.” **Al Capone,** discutido com empresário americano.

“Para gozar de uma boa reputação, dê publicamente e roube em segredo. “ **Josh Billings**

“O Carlão era um cara trapalhão, desses que cruzam cabrita com periscópio pra ver se arrumam um bode-expiatório.” **Sérgio Porto**

“Aquele que mora em casa de vidro não deve atirar pedras.” **Clifford**

“Espere pelo melhor, mas prepare-se para o pior.” **Provérbio inglês**

“Você me é familiar. Por acaso, já não dormimos juntos em algum lugar?” **Casualidade moderna.**

“Pode o etíope mudar a cor de sua pele, ou o leopardo, as suas manchas?” **Extraído de Jeremias, XIII, 23.**

“Chanel Nº 5.” **Marylin Monroe,** sobre o que usava para dormir (um dos mais conhecidos perfumes da época.)

“E aonde ela os encontra?” **Dorothy Parker,** ao ser informada de que Clare Booth era bondosa para com os seus inferiores.

“Mais contrariado do que boi laçado pelos bagos”.
Origem gaúcha.

"Morde tanto as unhas que o estômago precisa de manicure."
Ed Sharp

"Trate uma dama como uma prostituta, e uma prostituta como uma dama." **Wilson Mizner**

"Não digo que todos devamos proceder mal, mas devemos dar a entender que podemos." **Orson Welles**

"Já teve a sensação de que o mundo é um smoking e você... um par de sapatos marrons?" **George Gobel** (definindo nossos desajustes ocasionais).

Pai: *Meu Deus! Afinal de contas, quem é o louco, você ou eu?*
Alexandre Dumas: *Ora, patrão, certamente o senhor não iria contratar um empregado louco!*

— Senhora, tem um cavalheiro aí em seu quarto?
— Um momento, por favor. Vou perguntar para ele.
Edna Ferbes

"Quando você a vir, cuspa-lhe por mim!"
D. H. Lawrence, sobre Katherine Mansfield.

CONHECIMENTO

"É impressionante o que devemos saber para sabermos que sabemos tão pouco." **Origem latina.**

"O conhecimento é de dois tipos: aquele que nós realmente sabemos e aquele que sabemos aonde encontrar a informação." **Samuel Johnson**

"Não sei se este mundo está cheio de espertalhões blefando, ou de imbecis falando sério." **Brickman**

"Concordo com Agassiz que os cachorros têm algo muito parecido com uma consciência." **Charles Darwin**

"Conhece-te a ti mesmo". **Sócrates** *("Know Thyself!")*

"Torne-se o que você realmente é, disse Nietzsche, e enlouqueceu!" **Bãuer**

"Só sei que nada sei." **Sócrates**

"Elementar, meu caro Watson!" **Basil Rathbone,** o mais famoso intérprete de Sherlock Holmes (criação do médico-escritor Sir Arthur Conan Doyle.)

"Isso deve ser maravilhoso; não faço a menor ideia do que significa." **Moliére**

"Onde a ignorância é felicidade, é bobagem ser sábio." **Gray**

"Cabelos grisalhos são sinal de idade, não de sabedoria." **Langdon**

"Um homem sábio conhece tudo; um esperto conhece todos." **Carey**

"Aquele que conhece aos outros é letrado; aquele que conhece a si próprio é sábio." **Lao-Tzse**

"Existe algum homem tão sábio que possa aprender com a experiência dos outros?" **Voltaire**

"Cultura é o que o açougueiro teria se fosse cirurgião." **Mary Pettibone**

"Os jovens pensam que os mais velhos são tolos; os mais velhos sabem que os mais novos são tolos." **George Chapman**

"Se estes moços, pobres moços, ah, se soubessem o que eu sei, não amavam, não passavam tudo pelo que eu já passei." **Lupicínio Rodrigues**

CONSELHO

"Os velhos gostam de dar bons conselhos para se consolarem de não mais poderem dar maus exemplos." **La Rochefoucald**

"Sabe, você está mesmo certo. Pena eu já ter tomado a decisão errada." **Sheridan**

"Pior cego é o que não quer escutar." **Reforço no provérbio.**

"Se você quer evitar de ver um bobo, quebre o espelho!" **Rabelais**

"Conselho às pessoas que estão para se casar: NÃO!!" *("Advice to persons about to marry: DON'T!!")* Extraído do **Punch's Almanack,** Londres, em 1845.

“Muitos recebem conselhos, só os espertos lucram com eles.” **Syrus**

“Onde a ignorância é felicidade, é bobagem ser sábio.” **Gray**

CONVERSA

“Uma conversa entre Adão e Eva devia ser difícil, naquele tempo não havia, ainda, ninguém de quem pudessem falar mal.” **Artie Rowls**

“Não ligue para fofocas. É mais vergonhoso não saber amar.” **Rubens Fuentes,** extraído do bolero *Escándalo.*

“Voltou da praia com a língua bronzeada.” **Autoria indeterminada**

“Silêncio: conversa com um inglês.” **Heinrich Heine**

“A intriga nasce em um café pequeno que se toma para ver quem vai pagar.” **Noel Rosa**

“Fique quieto e os outros vão pensar que você é um filósofo.” **Origem latina**

“Sabe que não sendo, arrisca ser.” **Hortêncio Marcondes,** encerrando discussão inútil.

“Só me respondia em monossílabos. Acho que ele comeria uma cereja em três mordidas.” **Rabelais**

“*Me, Tarzan — You, Jane.*” **Johnny Weismuller,** em *Tarzan of the Apes,* para Maureen O’Hara.

“O sr. Gladstone fala comigo como se eu fosse uma reunião pública.” **Rainha Victoria**

“O senhor só tem dois tópicos sobre os quais conversar. O senhor mesmo e eu. Estou farto de ambos.” **Samuel Johnson,** para James Boswell.

“Eu desaprovo o que você diz — mas defenderei até a morte o teu direito de dizer.” **Voltaire.**

“O debate é masculino; a conversa é feminina.” **Alcott**

“A conversa dele era mais curta do que estribo de anão.” **Luis F. Veríssimo**, em *O Analista de Bagé.*

“Um bom ouvinte pode não ser popular, em todos os lugares, mas depois de algum tempo, ele aprende algo.” **Wilson Mizner**

“Temos uma só língua e dois ouvidos para que possamos falar menos e escutar mais.” **Diógenes**

“Deus é que é esperto: mora longe e não tem telefone!” **Hortêncio Marcondes**

“Muitos serão os chamados e poucos os atendidos. Isso é da Bíblia ou da Telefônica?” **Millôr Fernandes**

CORRUPÇÃO

“Quanto mais corrupto o Estado, maior é o número de leis.” **Tacitus**

"Haverá um dia em que as pessoas terão vergonha de serem chamadas de honestas." **Rui Barbosa**

"Mas que país! Aqui os corruptos prosperam e os honestos se arruínam!" **Joseph Louis,** Marquês de Montcalm, em 1748, sobre o Canadá de então.

"Era um homem de esplêndidas qualidades, mas completamente corrupto. Como peixe podre ao luar, brilha e fede." **John Randolph**

"Quilômetros de corrupção, empresas de malandros, decisões estúpidas, esperanças aleijadas, mulheres viris, homens afeminados e, em todos os lugares, a adoração ao ouro." **Giordano Bruno** (1548-1600), sobre o seu tempo.

CRIANÇAS

"A chegada de uma criança ilumina um lar — a gente tem que passar a maior parte da noite de luz acesa." **Domínio popular.**

"Cachorro bulldog à venda. Come qualquer coisa. Gosta muito de crianças." Classificado do jornal **Daily Mirror.**

"Minha mãe adorava crianças. Nunca me perdoará por eu não ter sido uma." **Groucho Marx**

"As crianças do bairro são tão terríveis que quando aparece um gato com o rabo inteiro é considerado um turista." **Dona Matilde**

"Eu era feliz e não sabia." **Ataulfo Alves**, em *Meus Tempos de Criança.*

“O segredo de saber lidar com uma criança é: não ser o pai dela.” Relatado por **Debora Cliff**

DEMÔNIO

“O Príncipe das Trevas é um cavalheiro.” **W. Shakespeare,** em King Lear, ato III, cena 4.

“Prefiro o Céu, por causa do clima, e o Inferno, pela companhia.” **Mark Twain**

“Eu contrataria o próprio Demônio se ele me escrevesse uma boa história.” **Sam Goldwyn**

“Melhor reinar no Inferno do que servir no Céu.” **Milton,** em *Paradise Lost.*

DINHEIRO

“Na verdade, eu não gosto de dinheiro, mas acontece que ele me acalma os nervos.” **Joseph Louis,** Marquês de Montcalm.

“Pode me dar a minha parte em dinheiro e ficar com toda a glória.” **Omar Khayyám**

“O dinheiro que Colombo gastou para descobrir a América mal daria, hoje, para ele passar uma semana em New York.” Extraído do **World Traveller.**

“O tolo e seu dinheiro logo se separam.” **George Herbert**

“Se o tolo e o seu dinheiro logo se separam, como é que eles se juntaram, em primeiro lugar?” **Max Rhodes**

“Prá que é que trouxa quer dinheiro? / Prá que é que trouxa quer mulher? / Co'o dinheiro o trouxa se atrapalha / E a mulher engana o trouxa quando quer.” **Marchinha carnavalesca,** 1951.

“O homem que sabe economizar e gastar o seu dinheiro tem duas alegrias.” **Samuel Johnson**

“O avaro vive pobre para morrer rico.” **Anônimo**

“Hã? Hã? O quê? Mas não escuto nada!” **Olívio Martins,** quando lhe queriam tomar dinheiro emprestado.

Freguês: *Mas aqui diz — satisfação garantida ou seu dinheiro de volta!*
Gerente: *Sim, mas não há nada errado com o seu dinheiro. Estamos satisfeitos.*
Relatado por **Neville Morris**

“Eu non dar tiro de revólver. Eu non dar nada para ninguém!” **Américo de Campos,** em Promessa da Jacó

“Que querem que eu faça? Corte e o lance como *Os Cinco Mandamentos*?” **Cecil B. de Mille,** quando recebeu reclamações de que estava ultrapassando o orçamento de produção do filme *Os Dez Mandamentos.*

“Quando o dinheiro fala, a verdade emudece.” **Kuryakin**

“Em Deus confiamos — todos os outros têm que pagar à vista.” Extraído da **inscrição na moeda americana** *In God We Trust.*

"Também, pudera, com esses preços!!!" **Turista,** a um barqueiro, no lago da Galiléia, ao ser informado de que Jesus atravessara ali a pé.

"Lembrem-se da regra de ouro: quem tem o ouro faz a regra." **Brant Parker,** em *O Rei de ld.*

"Tenha mais do que você mostra; fale menos do que você sabe." **W. Shakespeare,** em King Lear, ato I, cena 4.

"Não tenho herdeiros/ nem possuo um só vintém/ Eu vivi devendo a todos/ e não paguei a ninguém." **Noel Rosa,** em Fita Amarela.

"Ah, se os ricos fossem ricos do jeito que os pobres pensam que os ricos são ricos." **Ralph Waldo Emerson**

EPITÁFIOS

"Um túmulo, agora, é suficiente para ele, a quem o mundo inteiro não era suficiente." Inscrição no túmulo de **Alexandre, o Grande.**

"Aqui jaz alguém cujo nome foi escrito na água." Gravado em uma pedra sobre o túmulo do poeta inglês **John Keats.**

"Está vendo? EU DISSE que estava doente!" Atribuído a um hipocondríaco. Relatado por **Willie O' Shannon**

"Desculpe o meu pó." **Dorothy Parker**

"Pensando bem, gostaria de estar na Filadélfia." **W. C. Fields.**

"Isto é profundo demais para mim." **Hedy Lamarr** (a primeira atriz a posar nua para o cinema).

"Ué? Você não soube da minha operação?" **Warner Baxter**

"Não perturbe!" **Constance Benett**

ESPOSAS

"É maravilhoso a gente possuir uma esposa. Sobretudo quando não se é casado." **Millôr Fernandes**

"Não vou dizer que minha esposa seja má cozinheira, direi apenas que as latas de lixo, lá de casa, têm úlceras!" Relatado por **Willie Carruthers**

"Esse relógio-despertador é mesmo à prova de choque? Olhe bem, hein, pois ele se verá toda manhã, face a face, com a minha esposa." Relatado por **Craig Bannion**

"Nunca esquecerei do dia em que conheci a minha esposa, mas só Deus sabe como tenho tentado!" Extraído de **Home Cookie**

"Dançar com a mulher da gente é o mesmo que cachorro brincar com o próprio rabo." Colaboração de **Gumercindo de Oliveira**

"O Céu jamais será Céu se lá eu não encontrar a minha esposa." **Andrew Jackson** (para amenizar um pouco).

"É o mesmo que mandar lembranças pra quem não se conhece." **Popular.**

"As esposas são amantes dos homens jovens, companheiras dos de meia-idade e enfermeiras dos velhos." **Francis Bacon**

"Minha esposa não me compreende." **Físico nuclear,** com todas aquelas suas complicadas teorias atômicas, a H. Loewe.

"Minha querida! Minha melhor metade!" **Philip Sheridan**

ESTUDO

— Eu estudei na University of Boston.
— E eu estudei na University of Merdon.
Santiago

— Notas como estas merecem uma surra!
— E isso aí, papai! Eu sei onde mora o professor!
Ludmilla Bliss

Pai, com o boletim: "É um a pena que não deem nota de coragem. Você teria dez por trazer isto para casa!" **Dick Turner**

"Quanto mais eu estudo, mais eu aprendo; quanto mais aprendo, mais eu sei; quanto mais eu sei; mais eu esqueço; quanto mais eu esqueço, menos eu sei. Por que estudar?" **Silogismo estudantil londrino.**

— A tua redação sobre "O Cachorro" é igualzinha à da tua irmã!
— Sim. professor. pois se trata do mesmo cachorro!
Humor inglês.

FILMES

"Dê-me duas páginas quaisquer da Bíblia, e eu lhes darei um filme." **Cecil B. de Mille**

"Louis, esqueça! Jamais filme algum sobre a guerra da Secessão fez sucesso ou fará!" **Irving Thalberg,** para Louis B. Mayer, quando lhes ofereceram os direitos de *E o Vento Levou (Gone With the Wind),* até hoje um dos maiores sucessos de público de todos os tempos.

"Se eu fizesse 'Cinderela', a audiência logo estaria procurando pelo cadáver dentro da carruagem." **Alfred Hitchcock**

"Tragam-me os cavalos vazios!" **Michael Curtiz,** em *The Charge of the Light Brigade (A Carga da Brigada Ligeira.)*

"Quando fazemos filmes nos Estados Unidos, automaticamente os fazemos para o mundo, pois os Estados Unidos estão cheios de estrangeiros." **Alfred Hitchcock** (ele próprio um inglês).

"Bem, agora, decerto, terei que ficar chamando o meu agente para lhe dar as horas, como comissão." **Nat Perrin,** ao receber um relógio como pagamento por sua participação em um filme.

"Um Packard? Um Cadillac? E Jack, o que será a minha comissão? Uma bicicleta?" **Ivan Khan,** agente, o saber que seu cliente iria receber um automóvel como pagamento por sua participação em um filme de Jack Wamer.

"Ele não tem conhecimento algum de câmera. Seus filmes são puro teatro." **Karl Struss,** sobre Charles Chaplin.

"Para fazer um filme, só preciso ter um parque, um policial e uma garota bonita." **Charles Chaplin**

"Não existe terror algum em um estrondo, mas somente na antecipação dele." **Alfred Hitchcock**

GENTES

“Faça churrasco de um irlandês, e você sempre achará outro irlandês para girar o espeto.” **Bernard Shaw**

“Requer-se uma operação cirúrgica para fazer um escocês entender uma piada.” **Sidney Philip**

“Inscrição em um aquário vazio, em um restaurante de Asunción: Peixes paraguaios invisíveis.” **Entreouvido em Foz do Iguaçu.**

“Português assalta supermercado e rouba amostras-grátis.” **Bosche**

“Só a inutilidade do primeiro dilúvio é que impede Deus de mandar um segundo.” **Chamfort**

“Há gente demais, mas não há bastante seres humanos.” **Robert Zend**

“Um escocês, quando não está olhando alguma coisa, tira os óculos para economizar as lentes.” **Max Rhodes**

“O melhor negócio é comprar argentinos pelo que eles valem, e revendê-los pelo que eles pensam que valem.” **Atribuído a vários.**

“Tem gente que vibra porque alguns americanos foram à lua. Eu só vou vibrar no dia em que todos forem.” **Millôr Fernandes.**

“Uma coisa vou dizer dos alemães: eles estão sempre prontos para dar a terra dos outros para outros.” **Will Rogers**

"A vida é muito curta para se aprender alemão." **Richard Porson**

"Falar somente inglês foi suficiente para Jesus Cristo!" **Ralph Manlik,** sobre a inutilidade de se aprender outra língua.

"Temos os gregos, até quando eles trazem presentes." **Virgílio**, em Eneida.

"Atenção, srs. passageiros. Estamos voando a uma altitude de seis mil metros, mas para os senhores... quatro mil." Piloto judeu da EI-AI, relatado por **Max Rhodes.**

"Agora eu sei por que o sol nunca se põe no Império Britânico. Deus não confiaria em um inglês no escuro." **Duncan Spaeth**

"Os americanos não têm idioma. Têm gíria, dialetos, provincianismo, sotaque e assim por diante." **Rudyard Kipling**

"Os ingleses têm muita coisa em comum com os americanos, exceto o idioma." **Oscar Wilde**

"Existem só dois tipos de chineses: os que dão subornos e os que recebem subornos." **Origem russa.**

"James, encha-a de novo." Um **inglês,** depois de comer uma espiga de milho, pela primeira vez.

"Nasci um brasileiro, vivo um brasileiro, morrerei um brasileiro." **Uma voz na multidão:** "Pôxa, não tem ambição, é?"

"É covardia cometer suicídio. Os ingleses, frequentemente, se matam. Acho que é um mal causado pela umidade do tempo." **Napoleão Bonaparte.**

GUERRA

"Guerra é a ciência da destruição." **John Abbott**

"Uma má paz é pior do que uma guerra." **Tacitus**

"É melhor morrer em pé do que viver de joelhos." **Roosevelt**

"Veni, vidi, vici." (" Vim, vi, venci.") **Julius Caesar**

"Oh, Deus, ajudai o nosso lado! Mas se não for possível, ao menos evitai de ajudar o outro lado, que do resto eu me encarrego." **Príncipe Leopold de Anhalt-Dassau.**

"Não existe guerra inevitável. Se a guerra vier, será por falha do bom senso humano". **Bonar Law,** em discurso, antes da I Grande Guerra.

HISTÓRIA

"História: um boato destilado." **Thomas Carlyle**

"História é algo que nunca aconteceu, escrito por alguém que nunca esteve lá." Anônimo, citado por **Henry C. Lewis.**

"A história é uma fábula sobre a qual se concordou." **Napoleão Bonaparte**

"Historiador é um profeta olhando para trás." **Schlegel**

HOMEM

“Um homem deve ser uma criatura que me faça sentir mulher. “ **Eleanor Glyn**

“Na minha infância, ensinaram-me que um homem deve segurar as garrafas pelo pescoço, e as mulheres, pela cintura.” **W. Somerset Maugham**

“O homem é um postal que a parteira manda para o coveiro.” **Petrollini**

“O homem é o único animal que enrubesce, ou que precisa.” **Mark Twain**

“Ele estava vestido exatamente como eu gosto de ver um homem: sem aliança no dedo.” **Mary Waldrip**

“Foi um homem ousado, o primeiro a comer uma ostra.” **Swift**

“Os homens são o que as mães fazem deles.” **Ralph Waldo Emerson**

“Errar é humano. Botar a culpa nos outros, também.” **Millôr Fernandes**

“Cada homem tem seu preço.” **Sir Robert Walpole**

“Cada homem tem seu preço, mas a maioria dá descontos.” **Max Rhodes**

“O homem nasce ruim, é a sociedade que o torna pior.” **Cagney**

"Quando o homem quer matar um tigre, chama isso de esporte. Quando o tigre quer matar um homem, chama isso de ferocidade." **Bernard Shaw**

— *Afinal, você é um homem ou um rato?*
— *Jogue um pedaço de queijo no chão e você logo descobrirá.* **Groucho Marx**

"Deus deve amar os homens medíocres; fez tantos deles." **Abraham Lincoln**

"Se existir, Deus deve morrer de rir quando ouve que o homem é feito à sua semelhança." **Millôr Fernandes**

"Não existe um homem totalmente inútil; em último caso, serve como mau exemplo." Relatado por **Wilson Sanches.**

"Em restaurante de canibais, o prato mais caro é o hippie. Custa mais para limpar." **Adelaide Knox**

"Um homem tem que fazer o que um homem tem que fazer." **Alan Ladd,** em Shane.

"O homem era como um galinho que pensava que o sol nascia só para vê-lo cantar." **George S. Elliot**

"Isto não é hora de homem chorar!" **Júnior,** para Cerezzo, que havia, erradamente, feito um lançamento certo para Paolo Rossi.

"E assim é o mundo; às vezes, sinceramente, desejo que Noé e sua comitiva tivessem perdido o barco." **Mark Twain**

"Homem pessimista é o que se sente mal quando se sente bem, por temer se sentir pior quando se sentir melhor." **Origem incerta.**

“Se se tratar um homem como ele é, ele ficará pior; mas se o tratar como se ele fosse o que deveria ser, ele se tornará o que deveria ser.” **Johan Wolfgang von Goethe**

“Enviar homens para aquele exército é o mesmo que espantar moscas em uma cocheira — nem a metade chega lá.” **Abraham Lincoln**

“ Foi um homem ousado, o primeiro a comer uma ostra.” **Swift**

“Prezado General. Se o senhor não vai usar o seu exército, gostaria de tomá-lo emprestado. Agradecido”. **Abraham Lincoln.**

“Não se pode dizer que o homem não progride, pois a cada guerra morre-se de uma maneira diferente.” **Will Rogers**

“Quando um homem está fazendo algo de que se envergonha, sempre diz que está cumprindo o seu dever.” **Bernard Shaw**

“Nunca vi um asno falar como um homem — mas já vi muitos homens falarem como um asno.” **Heinrich Heine**

“Se uma pessoa te chamar de asno, não dê importância; se duas pessoas te chamarem de asno, arranje uma sela.” **Origem Yddish.**

“Ele tem todas as características do cão — exceto a lealdade.” **Gore**

“Diz-me o que comes e te direi quem és.” **Brillat-Savatin,** em Physiologie du Gout.

John Heckler: *Agnes, você não gostaria de ser homem?*
Agnes McPhail: *Eu gostaria, John, e você?*
(Primeira mulher eleita para o Parlamento do Canadá)

“Nunca se deve bater em um homem caído, a não ser que se tenha a certeza de que ele não vai levantar.” **Millôr Fernandes**

“A principal vantagem de Adão e Eva é que foram feitos homem e mulher, escapando, assim, às inconveniências da primeira dentição.” Mark Twain

“Todo o homem tem três caracteres: aquele que ele exibe, aquele que ele pensa que tem e aquele que ele realmente tem.” **Alphonse Karr**

“Por bem, tiram-me até a roupa, agora, à força, eu fico pelado.” **Deodato Weber**

“Sou melhor do que muitos e pior do que poucos.” **W. Somerset Maugham**

IDADE

"Viel glück zum geburstag!" **Saudação alemã de aniversário.**

"Minha esposa fica contente em receber de aniversário somente alguns cartões: Citicard, Elo, Diners, Nacional..." **Anônimo**

"Ela não pôde assoprar as velas do bolo. Não aguentou o calor." **Sam Levitt**

"Desde o nascimento, até a idade de dezoito anos, uma garota precisa de bons pais. Dos dezoito aos trinta e cinco, precisa de boa aparência. De trinta e cinco a cinquenta, precisa de boa personalidade. Daí em diante, precisa de bom dinheiro." **Sophie Tucker**

"Depois dos cinquenta, ela é como a Austrália — todo mundo sabe onde é, mas ninguém vai lá." **Anônimo.**

"Se rugas devem ser escritas sobre nossas frontes, não as deixe serem escritas sobre nossos corações. O espírito não deve envelhecer." **James Garfield**

"Sempre me ensinaram que eu tinha que respeitar os mais velhos. Agora, graças a Deus, praticamente não preciso respeitar mais ninguém." **George Burns,** por ocasião do seu 85.º aniversário.

"Tenho 33 anos, mas ninguém vai me pegar para Cristo!" **Dario Maravilha (o Peito-de-Aço).**

"A neve do tempo branqueou meus cabelos." **Carlos Gardel**

"Madeira velha é melhor de se queimar; vinho velho, de se beber; velhos amigos, de se confiar e velhos autores, de se ler."
Francis Bacon

"Quarenta é a idade velha da juventude, cinquenta é a idade jovem da velhice."
Aforismo francês.

"O que restou dela." **Tallulah Bankhead,** ao lhe perguntarem se ela era a famosa Tallulah Bankhead.

"1810? Quando é que foi isso?" **Ed Hartmann**

"A juventude põe a culpa nos pais. A maturidade põe a culpa na nova geração." **Anônimo.**

"Ela acha que não está ficando velha. Disse-me que quem está ficando velho é o cameraman. Queria que eu o despedisse!" **Joe Pasternak,** sobre Doris Day.

"Saber envelhecer é a obra-prima da sabedoria, e um dos capítulos mais difíceis da grande arte de viver." **Amiel**

"Estas montanhas já não são mais as mesmas. Ficaram bem mais difíceis de serem escaladas." **Randolph Scott,** para Joel McCrea, ambos envelhecendo, em *Pistoleiros do Entardecer.*

"O tempo tocou-me, levemente, e deixou seus rastros profundos em meu rosto". **Crabbe**

"Quanto à posteridade, eu pergunto: o que ela fez por mim?" **Gray,** em carta ao Dr. Whartton.

INIMIZADE

"Meus inimigos, que hoje falam mal de mim / Vão dizer que nunca viram pessoa tão boa assim / Quando eu morrer ..." **Noel Rosa**, em *Fita Amarela.*

"Você tinha que entrar na fila para odiá-lo." **Hedda Hopper,** sobre Harry Cohn.

“A única razão pela qual tantos compareceram ao seu funeral foi a de ter certeza de que ele, realmente, havia morrido.” **Sam Goldwyn,** sobre Louis B. Mayer.

“Somente te conheço por alguns minutos, mas já não gosto de você por muitos anos.” **W. Somerset Maugham**

Nas Termópilas:
— *Senhor, nossos inimigos são tantos que suas setas cobririam a luz do sol!*
— *Melhor, assim fugiremos na sombra!*
Versão de **Millôr Fernandes.**

“Se o Sr. Gladstone caísse no rio Thames seria um acidente; se alguém o salvasse seria uma calamidade.” **Disraeli**

“Meu pedido a Deus é curto / Oh, Senhor, fazei ridículos os meus inimigos / Deus me atendeu.” **Voltaire**

“Eu nunca esqueço um rosto, mas, no teu caso, vou fazer uma exceção.” **Groucho Marx**

“Deve-se sempre perdoar o inimigo, mas não antes que ele esteja enforcado.” **Heinrich Heine**

Em um corredor estreito:
Henry Clay: *Eu, senhor, jamais cedo lado para um patife.*
J. Randolph: *Eu, ao contrário, sempre cedo.*
(Saindo de lado, para que o outro passasse.)

“Sinto-me muito só. Eles estão todos morrendo. Praticamente não me sobrou mais nenhum cálido inimigo pessoal.” **James Whilttler**

“Um inimigo leal é algo semelhante a um amigo.” **José Narosky**

"Que as moscas de mil camelos infestem tuas axilas."
Maldição árabe.

"Melhor uma refeição de ervas onde existe amor do que um lauto banquete onde existe ódio." Extraído de **Provérbios,** XV, 17.

"Isto prova o que eles dizem; dê ao público o que eles querem ver, e todos saem para ver." **Red Skeleton,** sobre a multidão que compareceu ao enterro de Harry Cohn, em 1958.

"Não consigo me lembrar de seu nome, mas, por favor, não me diga!" **Groucho Marx,** em uma reunião de colegas de turma.

Estranho: *"Outro dia tive o prazer de passar em frente à sua casa."*
J. Randolph: *"Por favor, continue a fazê-lo!"*

"Desejo, sinceramente, que sejamos, cada vez mais, melhores estranhos." **W. Shakespeare,** em *As You Like It.*

JUSTIÇA

"A primeira coisa que faremos: vamos matar todos os advogados." **W. Shakespeare,** em *King Henry VI,* ato IV, cena 2.

"Não, Meritíssimo, eu não tenho advogado. Resolvi contar a verdade." Relatado por **J. O'Bannion.**

"O atraso da Justiça é uma injustiça." **Landor**

— Você está tentando mostrar desprezo por esta Corte?
— Não, Meritíssimo, estou tentando escondê-lo!
Wilson Mizner

“Três vezes está mais armado aquele cuja causa é justa.” **Josh Billings**

“Parece aquele homem que matou o pai e a mãe e pedia clemência ao júri por ser órfão”. **Lincoln**

Juiz: *E você, o que diz? Julga-se culpado ou inocente?*
Réu: *Não sei. Preciso examinar as provas primeiro.*
Karl-Gustaf Kleine

“Meus parentes não vêm me visitar aqui na cadeia. A maioria está aqui mesmo.” **Autoria mantida em sigilo** (que ninguém é bobo!).

“Exmo. Dr. Sedwick: quando apelar da minha sentença de morte, é favor trabalhar bem, porque isso é muito importante para mim.” Relatado por **Juliet Lowell.**

Juiz: *Qualquer coisa que você disser será mantida contra você!*
Réu: *Raquel Welch!!*
Extraído do **Worst Book.**

“Au nom du peuple trançais, justice est faite.” Frase com que o **carrasco** encerrava a cerimônia de decapitação, na guilhotina. A frase era pronunciada com a cabeça decepada sendo mostrada ao público. (“Em nome do povo francês, a justiça está feita.”)

" Falta-lhe privacidade, como a um peixe no aquário."
Harry Bliss

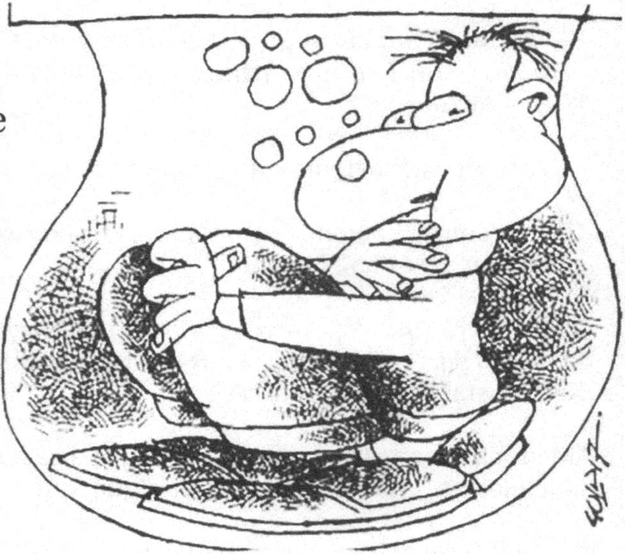

LAR

"Lar é onde está o coração." **Plínio**

"Muitos homens que pensam que construíram um lar descobrem que, na realidade, meramente, abriram um boteco para os amigos."
George Norman

"Claro que eu sei que a maioria dos acidentes domésticos ocorrem na cozinha. Eu tenho que comê-los!" **Milton Ray**

"Leve para casa um destes gatinhos. Ajude uma mãe solteira."
Anúncio em uma loja de animais em San Diego, Califórnia.

"Que martírio é o meu / Vou deixar o meu lar / Já não posso mais / Chego sujo do trabalho / Não encontro roupa limpa / Nem comida ela faz / E, é demais..." **Jorge Veiga,** 1945.

"O apartamento é bom e barato, pena que o vendedor disse que está todo encapetado". Certo fazendeiro do Serro Verde. (Confusão com carpetado). Relatado por **Deodato Weber.**

— Você tem aí um livro chamado "Homem, o Senhor do Lar?"
— Sim. Ali na Ficção.
Relatado por **Batistella**

"Lar é para onde se vai depois que fecham os botecos." Atribuído a **W.C. Fields** entre outros.

LITERATURA

"Vamos prestigiar a literatura do Canadá comprando porcaria canadense em vez de porcaria americana." **J. Wayne**

"Os escritos dos sábios são a única riqueza que a posteridade não poderá gastar." **Landor**

"O leitor que é iluminado é, no sentido real, o verdadeiro poema." **H.M. Thomlinson**

"Não existe tal coisa como um livro moral ou imoral. Existem apenas livros bem escritos ou mal escritos. Isso é tudo." **Oscar Wilde,** em *The Picture of Dorian Gray.*

"Um piolho nas madeixas da Literatura." **Lord Tennyson,** sobre o crítico Churton Collins.

"Seu manuscrito é bom e original; mas o que é bom não é original, e o que é original não é bom." **Samuel Johnson**

— Perdi meu cachorro!
— Ora, ponha um anúncio no jornal.
— Não adianta, meu cachorro não sabe ler.
Humor inglês.

"Escrever um filme traz tanta fama ao escritor quanto andar de bicicleta." **Ben Hecht**

"Todas as nações conhecidas, exceto as selvagens, são governadas por livros." **Voltaire**

"Levei quinze anos para descobrir que não tinha talento algum para escrever, mas aí, era tarde demais. Eu já era famoso." **Robert Benchley**

"Literatura - república das letras. " **Moliére**

LUGARES

"Toda esperança abandonai, vós que aqui entrardes!" *("All hope abandon, ye who enter here.")* **Dante Alighieri,** em Inferno.

"Esta é a diferença entre mim e Dante. Ele escreveu sobre o Inferno, e nunca esteve lá. Eu escrevi sobre Chicago, e morei lá." **Carl Sandburg**

"Hoje, vou dar uma aula sobre arte. Em Paris, eu escolheria uma mulher como modelo, mas aqui, em Toronto, escolherei um cavalo." **Jean-Claude Griffade**

"Há três coisas boas na Rússia — caviar, vodka e visto de saída." **Perle Mesta**

"Os Estados Unidos é a única nação que passou direto do barbarismo para a degradação, sem o intervalo normal de civilização." **Georges Clemenceau**

"A única diferença é que, na Rússia, a televisão fica vendo você!" **Max Rhodes**

"Atrasem seus relógios para cem anos atrás — vamos aterrissar em Belfast." **O' Finnegan**

"Hollywood é uma cidade com a personalidade de um copo de papel." **Raymond Chandler**

"Naquela cidade onde o Seu Zezé levou um tombo na escada." **Garrincha,** explicando onde havia comprado suas roupas elegantes. A cidade era Roma.

“Quando estiver em Roma, proceda como os romanos. “ Conselho de **Santo Agostinho** para Santo Ambrósio.

“No lugar onde eu moro até ladrão tem medo de ir!” **Dicró,** em Barra Pesada.

“Kingston parece que a metade foi destruída, e a outra metade não foi construída.” **Charles Dickens**

“Você conhece Paris? Pois é bem diferente!” **Robert Edwards,** descrevendo o Winnepeg, em 1829.

“A Califórnia é um lugar maravilhoso para se viver — se você for uma laranja.” **Fred Allen**

Hagar, o Horrível: *Sabia que a metade do mundo é feita de mulheres?*
Eddie Sortudo: *Não diga! Vamos lá qualquer dia?*
Criação de **Dik Brown**

“Rasguem o meu peito e, sobre o meu coração, verão escrito a palavra *Itália.*” **Robert Browning,** em *Men and Women.*

“E há aquele casal que recorda a viagem à Europa mostrando slides das promissórias pagas.” **Milton Peabody**

“Se eu possuísse o Texas e o Inferno, alugaria o Texas e iria morar no Inferno.” **Philip Sheridan**

“Não sei nem em que rua fica o Canadá!” **Al Capone**

“Modéstia à parte, meus senhores, eu sou da Vila.” **Noel Rosa**

“Ao inferno com cidades pequenas. Eu quero é New York!”
Jim Durante quando o convidaram para trabalhar em *Hamlet* (que não é cidade, mas, peça de Shakespeare.)

"Viajei para a Europa e Portugal." **Inúmeros.**

"O lugar é tão chato, que a maré foi embora... e nunca mais voltou". **Earl Wilson**

"Trazendo da China o macarrão, Marco Polo quer ser considerado o pai do transporte de massa." **Millôr Fernandes**

"O homem mais viajado de minha cidade conhecia Pau-Ferrado, Misericórdia e Quati" **Olívio Santos** (da Paraíba).

"Claro que a América já havia sido descoberta antes de Colombo, mas o fato havia sido abafado." **Oscar Wilde**

"Foi uma pena terem tomado este lugar às cascavéis." **D.W. Griffith,** sobre Las Vegas, construída no deserto de Nevada.

"Deus vai ter que prestar contas com o criador Dele por esta parte do país." **Jack Ruby,** sobre o Texas.

"De manhã, podem-se ouvir os passarinhos tossindo nas árvores." **Joe Frisco,** sobre a poluição de Los Angeles.

"Pode algo bom vir de Nazaré?" **Bíblia,** João I, 46.

Propaganda em outdoor, nos arredores de Jerusalém: "Pilatos lavava as mãos com o sabonete Caracala." **Millôr Fernandes**

"New York é histérica. Parece uma mulher neurótica insatisfeita. Lembra uma ninfomaníaca envelhecendo. Deus, o que eu já passei por lá!" **Irwin Shaw,** em *Rich Man, Poor Man.*

"Disneyland — a maior arapuca para pegar gente jamais construída por um rato." **Atribuída a Mickey Mouse.**

“Nosso escritório era tão pequeno que, um passo em falso, e seria adultério.” **Robert Benchley,** quando trabalhava com Dorothy Parker.

“O Canadá só serve para me prover com peles, mesmo.” **Madame de Pompadour,** sobre a queda de Quebec.

“Los Angeles é setenta e dois bairros à procura de uma cidade.” **James Gleason** (também atribuída a Dorothy Parker).

Pedro Álvares Cabral: *Terra! Terra! Estou avistando um monte!*
Marujo: *Monte de quê?*

“A Irlanda é um lugar onde o provável nunca acontece; e o impossível, sempre.” **J.P. Haffarty**

“Da janela vê-se o Corcovado, o Redentor / Quero a vida sempre assim / Com você perto de mim.” **Antonio Carlos Jobim,** em Corcovado (antes da expansão imobiliária.)

“Se você tiver muita sorte, encontra um vaso de samambaia na portaria de um edifício. É o que, no Rio, se chama de área verde.” **Millôr Fernandes**

“O lugar era tão grande que mil bois criados não batiam chifres.” **Herculano Virmond,** descrevendo um salão de baile.

“Quebec não é uma província como as outras. É um pouco mais estúpida.” **Gérard Filion**

“Vocês podem ficar com todo o Universo, desde que eu possa ficar com a Itália.” **Giuseppe Verdi**

“Mas ela se move, realmente!” **Galileo Galilei,** ante o Tribunal da Inquisição. Por esta declaração, foi excomungado pela Igreja Católica, que não concordava que a Terra se movia ao redor do Sol.

“Possa você vagar por sobre a Terra para sempre; nunca dormir duas vezes na mesma cama; nunca beber água duas vezes do mesmo poço; nunca atravessar o mesmo rio duas vezes.” **Praga cigana húngara.**

“Ah, estar na Inglaterra! Agora que maio está lá!” **Robert Browning** (maio é o mês da primavera europeia).

“Quem se cansar de Londres, se cansou da vida, pois Londres tem o que a vida pode oferecer de melhor.” **Samuel Johnson**

“Estou inclinado a acreditar que esta é a terra que Deus deu a Caim.” **Jacques Cartier,** sobre o *Labrador.*

“ Vá para o Inferno, e diga que fui eu quem te mandou para lá.” **W. Shakespeare,** em King Henry VI, terceira parte.

MARIDOS

“Marido é esse cara com quem você vive até o dia do divórcio.” **Millôr Fernandes**

“O marido era inocente como um ovo recém-botado.” **W.S. Gilbert**

"Querida, meu marido foi eleito o Homem do Ano. Por aí dá para ver que espécie de ano nós tivemos!" Extraído de **Bits & Pieces.**

"Marido enganado é o que se engana a respeito da mulher que o engana." **Sérgio Porto**

"O arqueólogo é o melhor marido que uma mulher pode ter. Quanto mais velha ela fica, mais interesse ele tem por ela." **Agatha Christie**

"Existe-se no marido, mas vive-se no amante." **Honoré de Balzac**

"Não, eu não sou casado. Tenho os ombros caídos assim mesmo." **J. Honeycut**

"As mulheres americanas esperam encontrar em seus maridos a perfeição que as inglesas esperam somente encontrarem seus mordomos." **W. Somerset Maugham**

"Não, eu não tenho muitas linhas na peça teatral em que estou atuando. Faço o papel do marido." **Bradford**

"Marido esperto compra louça de porcelana tão fina que a esposa tem medo de que ele lave os pratos." **Harry Toby**

"Se a oportunidade batesse em nossa porta, meu marido reclamaria do barulho." **Larisse Abgail**

"Não, levar a mulher da gente junto, não. Aí é o mesmo que levar banana para comer em Antonina." **Galiciolli**

"Um bom marido deve ser surdo e, uma boa esposa, cega." **Cabanon**

"Queridinho — nome de solteiro do marido." **Millôr Fernandes**

“Um homem deve ser mais alto, mais velho, mais pesado, mais feio e mais grosseiro do que a sua esposa.” **E. W. Howe**

“Isto que é marido bom! Quando chega de madrugada, para não incomodar a esposa, dorme com a empregada.” Atribuição incerta à **Dona Odilair.**

“Dei a festa, matei o boi, ofereci um churrasco, fiz o baile, paguei o gaiteiro e, agora, vocês ainda querem que eu dance com a minha mulher?” **Ivan Taborda**

“Não, querida, você não me viu com uma mulher ontem à noite — era o meu irmão... é, ele sempre se veste assim!” **Marido,** em pânico.

“Todos os maridos são iguais, apenas têm rostos diferentes para poderem ser identificados.” **Jean Déchaumage**

MORTE

"Estou morrendo, Egito, morrendo!" **W. Shakespeare,** em Antonio e Cleópatra, ato IV, cena 5.

"Morrer? Não, meus amigos. Jamais um Barrymore permitiria que algo tão convencional lhe acontecesse." **John Barrymore,** no leito de morte.

"Por que perder tempo com você, se logo vou falar com o teu Patrão?" **Wilson Mizner,** à proximidade da morte, dirigindo-se a um padre.

"Enterrem-me de manhã, para que os meus amigos não percam as corridas de cavalo à tarde." **Arthur Caesar,** último desejo.

"Só lamento ter uma vida para dar à minha pátria." **Nathan,** últimas palavras.

"Às vezes a gente pensa que está morrendo pela pátria, quando, na verdade, está morrendo somente por alguns industriais." **Atribuído a vários.**

"Tanto para fazer, tão pouco feito." **Cecil Rhodes,** últimas palavras.

"Que pena, tinha tanta coisa que eu ainda poderia fazer." **Louis Pasteur,** quando teve derrame.

"Quero acreditar na imortalidade — quero viver com você para sempre." **John Keats**

“Eu vos ensinei, durante quase trinta anos, como se deve viver; dentro em breve, eu vos ensinarei como se deve morrer.” **Sandys**

“Luto preto é vaidade, neste funeral de amor / O meu luto é a saudade, e saudade não tem cor.” **Noel Rosa**

“Se eu tivesse alguma decência, já teria morrido. Meus melhores amigos já o fizeram.” **Dorothy Parker**

“Eu não vou ao enterro do meu irmão. Ele não irá ao meu!” **Hortêncio Marcondes**

“Eu não quero atingir a imortalidade através de meu trabalho. Quero atingi-la através de não morrer.” **Woody Allen**

‘’Você sabe o que é ter um amor, meu senhor, e por ele quase morrer?” **Lupicínio Rodrigues**

“O velho Eroll morreu dando risadas. Você pode bater essa?” **Tony Britton,** comunicando a Trevor Howard a morte de Eroll Flynn.

“Aquele que morre paga todas as suas dívidas.” **W. Shakespeare,** em *Tempest,* ato III, cena 2.

“Quando eu morrer, não quero choro, nem vela, só uma fita amarela, gravada com o nome dela.” **Noel Rosa**

“No puedo verte triste porque me mata...” **Benito de Jesus,** em *Nuestro Juramento.*

“Engarrafava cinzas em um crematório para vender aos canibais como gente instantânea.” **Autoria indeterminada.**

Professor: *Quem matou Abraham Lincoln?*
Aluno: *Eu não entrego ninguém!*
Relatado por **Stan Cooper**

"Ao morrermos, devemos deixar algumas dívidas para, pelo menos por alguns, sermos chorados com sinceridade." **Swinburne**

"Não chame homem algum de feliz, até que ele esteja morto." **Aeschyllus,** em *Agamemnon.*

Earl de Sandwich: *Egad, eu não sei se você vai morrer na cadeia, ou de peste.*
John Wilkes: *Isto, senhor, vai depender de se eu abraçar os seus princípios ou a sua amante!*

"Dê-me as flores em vida, o carinho, a mão amiga..." **Nelson do Cavaquinho,** em *Quando Eu Me Chamar Saudades.*

MULHER

"A mulher da gente é como chuchu. Não tem gosto algum, mas se deixar subir na cerca, o vizinho come." **Entreouvido na torcida do Atlético,** outubro de 83.

"Nenhuma mulher vale mais do que cinco dólares para ser levada para a cama; a não ser que você esteja apaixonado por ela, aí, ela vale tudo que você gastar." **W. Somerset Maugham**

"Ela é mais linda do que uma quadra de ases."
W. Somerset Maugham

"Allah tomou uma rosa, um lírio, uma pomba, uma serpente, um pouco de mel, uma maçã do Mar Morto e um punhado de barro. Quando olhou a mistura, era uma mulher!" **William Sharp**

"Uma mulher é somente uma mulher, mas um charuto é uma fumada." **Rudyard Kipling**

"Sua pele parecia uma magnólia em busca da luz da lua." **H. Manzil,** em Ninguna.

— Este sorvete é puro?
— É puro como a garota dos seus sonhos.
— Então, me dê um pacote de pipocas!
Dong Brian

"Ela deixa os homens que a encontram de boca aberta. Ela é dentista." **Anônimo**

"Mulher e livro... emprestou, volta estragado!" **Millôr Fernandes**

"Deus me livre das mulheres de hoje em dia / Desprezam o homem só por causa da orgia." **Orlando Silva**

"Às vezes passava fome ao meu lado, e achava bonito não ter o que comer." **Ataulfo Alves** em *Ai! Que saudades da Amélia.*

"Não tenho outra senão a razão de uma mulher. Penso assim, porque penso assim, porque penso assim!" **W. Shakespeare,** em *Two Gentlemen from Venice,* ato I, cena 2.

"Mulher que não ama é como flor que não exala perfume, como um lenho que não sabe arder." **Paul Maskari,** extraído do bolero *Una Mujer.*

“A mulher é como um elefante, para mim. Eu os aprecio muito, mas não gostaria de ter um em casa.” **W.C. Fields**

“Algumas mulheres usam a altivez para esconder a burrice.”
Millôr Fernandes

“Mas que mulher indigesta, indigesta / Merece um tijolo na testa / Esta mulher não namora / E também não deixa namorar / Ela é um bom center-half / Pois não deixa a linha chutar.” **Noel Rosa** *(Center-half:* zagueiro-central, principal posição da defesa, no futebol).

“Mulher casada é a que reclama que o futebol é mais importante do que ela (ou a leitura de um jornal, bate-papo com os amigos), e o homem não pode dizer que concorda.” **Petillini**

“False magre.” Diz-se da mulher que, apesar de aparentemente magra, tem formas generosas.

“Há bocas de mulher que, no campo, enganam até as abelhas!”
Campoamor

"O que as mulheres fazem, elas têm que fazer duas vezes melhor do que se espera que os homens façam. Felizmente, isso não é difícil." **Charlotte Whiltton,** ex-prefeita de Ottawa.

"Venha morar em meu coração, e não pague aluguel." **Samuel Lover**

"A companhia de mulheres é o fundamento de boas maneiras." **Johann Wolfgang von Goethe.**

"Uma mulher pelada vale mais do que dois homens bem-vestidos." **Sabedoria popular**

"O maior erro das mulheres é querer se parecer com os homens." **De Maistre**

"As mulheres estão perfeitamente cientes de que, quanto mais elas parecem obedecer, mais elas mandam." **Michelet**

"Três coisas sobre as quais Chico estava sempre com as mãos em cima: um telefone, um cavalo ou uma garota." **Groucho Marx**

"Três coisas quentes e mutáveis: a palavra do homem público, a chama da fogueira e o carinho da mulher." **Millôr Fernandes**

"Dou presente à mãe, mas penso na filha." **Johann Wolfgang von Goethe**

"Demi-mondaine." Diz-se da mulher de fáceis virtudes.

"A fisionomia das mulheres só começa a ter significação aos trinta anos. Até essa idade, em seus rostos, os pintores só encontram o rosa e o branco, sorrisos e expressões que representam um mesmo pensamento, uniforme e sem profundeza. " **Honoré de Balzac**

"Se meu marido encontrasse, na rua, uma mulher parecida com as que ele pinta, cairia duro para trás." **Esposa de Pablo Picasso**

"Posso dar uma palavrinha no teu olho?" Diálogo com uma mulher pintada por Pablo Picasso, imaginado por **Max Rhodes.**

"A adivinhação de uma mulher é mais precisa do que a certeza de um homem." **Rudyard Kipling**

"Ela era uma mulher toda arrumada, como uma sepultura bem cuidada." **W.C. Fields**

"Ela era engraçadinha. Parecia um filhote de urutago."
Antonio Campogrande

"Não existem mulheres feias; só existem mulheres que não sabem parecer bonitas." **La Bruyére**

"Uma mulher ama ou odeia; não tem meio termo." **Syrus**

"Os ingleses dão mais importância à beleza do rosto das mulheres; e os franceses, às formas do corpo. Acho que a última tem mais fundamento." **W. Somerset Maugham**

"A beleza é o primeiro presente que a Natureza dá às mulheres, e o primeiro que ela tira." **Méré**

"Não existe nada tão mau quanto uma má mulher; e nem nada tão bom quanto uma boa mulher." **Eurípedes**

"Teu olhar mata mais que atropelamento de automóver / E do que bala / de revórver." **Adoniran Barbosa,** em *Tiro ao Álvaro.*

"Em mulher não se bate nem com uma flor. Mesmo porque não adianta nada." **Sérgio Porto**

"Não sou feminista! Sou mulherista! Mulher Pau-Brasil!" **Sonia Braga**

"Femme fatale." Diz-se da mulher de charmes perigosos.

"Ele olhava as mulheres, não para gratificar um ideal, mas para prover fornicação." **Agente Ashenden,** personagem de W. Somerset Maugham.

"A primeira coisa que eu noto em uma mulher é o tamanho do acompanhante dela." **Shorty Meadows**

"Certas mulheres podem falar horas a fio sobre qualquer assunto. Minha mulher não precisa de assunto." Relatado por **Sam Levenson**

"Mulher de fazer deputado largar Brasília!" **Sérgio Porto**

"Daria dez anos de minha vida para passar uma só noite com essa mulher. Porém, os meus dez primeiros anos de vida!" **Adrian Kobatz,** na pise do Eko Hotel Lagos.

Noel Coward: *"Meu Deus, Edna, você está vestida como se fosse um homem!"*
Edna Ferbes: *"Você também!"*

"Mulher é como cobra, tem veneno e tem peçonha; Deixa o rico na miséria, e o pobre sem-vergonha." **Popular.**

"Deus fez o mundo e descansou; fez o homem, e descansou; fez a mulher e nunca mais teve sossego. " **Discutida interpretação do Gênesis,** Bíblia.

"Uma mulher só é suficiente, gritou Adão, protegendo as suas costelas!" **Origem francesa.**

"Só uma mordidinha!" Atribuído a **Eva.**

"Os homens dizem das mulheres o que eles querem. As mulheres fazem dos homens o que elas querem." **De Segur**

MÚSICA

"Música é a linguagem universal da humanidade."
Henry Longfellow

"O verdadeiro amante da música é aquele que, quando ouve uma garota cantarolando no banheiro, põe o ouvido na fechadura."
Sebastien Vigneron

— Olhe aí! É 'O Barbeiro de Sevilha'!
— Não. É o advogado Bicoduro, aqui de Guarapuava mesmo!
Resposta ao Dr. Brasil que apontava para o interior do Bar Chico de Mário, de onde vinham os acordes musicais do clássico de Rossini. Relatado por **Deodato Weber,** e ocorrido em 1958.

"Teve uma educação musical cara. Todos os vizinhos o processaram".
Peter Cobb

"Se você pensa que a prática leva à perfeição, é provável que nunca tenha tido um filho tomando lições de música." Extraído de **Bits & Pieces.**

"Talvez tenham incendiado Roma porque Nero tocava harpa."
Oliver Herford

"A música de Wagner é melhor do que ela soa." **Bill Nye** (também atribuído a Mark Twain).

"Você tem o ouvido de Van Gogh para a música." **Billy Wilder,** numa audição de Cliff Osmond. *(Van Gogh era um pintor holandês que revolucionou a sua arte ao dar mais importância às cores do que ao desenho.)*

"Honestamente, eu acho que estendi um talento tão fino, que quase chega a ser transparente, por uma porção de anos." **Bing Crosby,** intérprete da canção que é, até hoje, recordista mundial de vendas — *White Christmas.*

"Melhor cantor é o que encanta, pois cantar, qualquer um canta."
Julio Iglesias

"Então, Beethoven marcou errado!!" Maestro **David Machado,** ao ser informado de que a marcação da qual reclamava havia sido feita pelo gênio musical alemão.

NECESSIDADE

"Necessidade é a mãe da invenção." **Foyer**

"Banqueiro é um homem que te empresta um guarda-chuva quando o tempo está bom, e o toma de volta quando começa a chover." Atribuído a **J. Burpham, entre outros**

NOTÍCIA

"Se um homem morder um cachorro, isto é notícia!"
John Bogart

"Acredito em qualquer coisa, desde que seja inacreditável." **Oscar Wilde**

PALAVRA

Clérico: *Gostou do meu sermão. Sr. Canning?*
Canning: *Você foi breve!*
Clérico: *Sim, procurei evitar de ser chato.*
Canning: *Mas você foi chato!!!*

"Boas palavras valem muito e não custam nada." **George Buchanan**

"Já que você não pode me dar sua palavra de honra, poderia me dar sua promessa?" **Sam Goldwyn**

"Você, Pinda, que tem o talento de falar muito, e não dizer nada." **Voltaire**

"Quando no Reino da Intriga / Surge uma briga / Por um motivo qualquer / E alguém vai pro cemitério / É porque levou a sério / As palavras de mulher." **Noel Rosa.**

"Um contrato verbal não vale o papel no qual ele é escrito." **Sam Goldwyn**

"Se não for verdade, está bem inventado." *(Se non é vero, é ben trovato).* **Giordano Bruno**

"Vou te dar um definitivo talvez." **Sam Goldwyn**

"Palavras são femininas; ações são masculinas." **Baltazar Gracian**

"Palavras que choram; lágrimas que falam." **Cowley**

PAI

"Pai é um banqueiro fornecido pela Natureza." **Origem francesa.**

"Pais: amortecedores." **Marcelene Cox**

"A primeira metade de nossas vidas é arruinada pelos nossos pais; a segunda metade, pelos nossos filhos." **Clarence Darrow**

— *Que lindo casaco, mamãe. Foi papai quem te deu?*
— *Olhe, meu filho, se dependesse do teu pai, nem você existiria!*
Contado por **Galiciolli.**

"Meu pai é um homem muito hospitaleiro: dirige seis hotéis."
Bernard Shaw

"Um pai é um homem que tenta fazer de seu filho um homem tão bom quanto ele pretendeu ser." Em **Family Happiness.**

"Eu gostaria de ser como meu pai e todo o resto de meus antepassados, que nunca se casaram." **Moliére**

"Método de se evitar filhos: morar longe e não dar o endereço para eles." **Autoria indeterminada.**

"Igual Cachoeirinha, onde nasceu o Primo Altamirando. Diz ele que a população da cidade nunca aumenta porque sempre que nasce um filho foge um pai" **Sérgio Porto**

"Eu sou totalmente a favor da mãe solteira, porque sou frontalmente contra o pai casado." **Millôr Fernandes**

Beldade: *Já pensou se nós tivéssemos um filho? Eu com a minha beleza e você com a tua inteligência!*
B. Shaw: *Sim, mas estaríamos correndo o risco de a criança nascer com a minha beleza e a tua inteligência!*

"Você tem sido como um filho para mim, Curtis. Rude, preguiçoso, mal-educado..." **David Sauer**

PÁTRIA

"Pátria é onde a gente está feliz." **Aristóteles**

"Se for preciso botar um ovo pela minha pátria, eu boto!" **Bob Hope**

"Patriotismo é a limitação da alma por fronteiras geográficas." **Santayana**

"Não sou ateniense, e nem um grego. Sou um cidadão do mundo!" **Sócrates**

"O mundo só será calmo quando não mais existir o sentimento de pátria." **Bernard Shaw,** em apelo à fraternidade universal.

"O mundo é minha pátria; os homens são meus irmãos e fazer o bem é a minha religião." **Thomas Paine,** em *Rights of Men.*

"Amo minha pátria mais do que à minha família; mas amo a humanidade mais do que à minha pátria." **Fénelon**

PERIGO

"Cutucar tigre com vara curta." **Popular.**

"E aonde é que vou achar homem, a essa hora?" **Manoel Queixada,** quando pediram um homem para apagar um incêndio perigoso.

"O búfalo não é tão perigoso como se imagina. As estatísticas americanas comprovam que morrem mais pessoas em acidentes automobilísticos do que atacadas por búfalos." **Art Buchwald**

"Perigo só por perigo é mera estupidez." **Leigh Hunt**

PESCAR

"Pescar é uma vara com uma isca em uma ponta, e um tolo na outra." **Samuel Johnson**

"Contaram-me que os peixes não se importam de serem pescados, pois têm o sangue frio e não sentem dor. Mas não foi um peixe que me contou isso." **Heywood Broun**

"Ontem fui pescar com minha mulher, mas não deu certo. Hoje vou pescar com minhocas." **Origem incerta**

POBRE

"Ser pobre não é crime." **George Herbert**

"Ser pobre não é crime, mas ajuda muito a chegar lá."
Millôr Fernandes

"Meus filhos nunca tiveram a vantagem que eu tive. Eu nasci pobre."
Kirk Douglas

"Sou tão pobre como Jó, meu senhor, mas não tão paciente."
W. Shakespeare, em King Henry IV, ato I, cena 2.

POLÍTICA

"Votos deveriam ser pesados e não contados." **Schiller**

"Errar é humano, mas atribuir o erro a outro partido é política."
Boorhaven

"A melhor política ainda é não se meter em política."
Millôr Fernandes

"Político é um animal que fica em cima do muro, mas mantém os dois ouvidos junto ao solo." **Vigneron**

"As grandes nações sempre têm agido como gangsters, e as pequenas, como prostitutas." **Stanley Kubrick**

"Cada povo tem o governo que merece." **Joseph Le Maistre,** em carta de 1811.

"Elefante é um rato construído de acordo com as especificações do governo. " **Max Rhodes**

"Eu sou Marxista, tendência Groucho!" **Grafitti** em um muro de Paris. *("Je suis Marxiste, tendence Groucho!")*

— Estou feliz por ver uma multidão tão densa, aqui, hoje à noite.
— Não fique tão feliz, Sr. Governador, pois nós não somos todos tão densos assim!
John Heckeler

"Nenhum homem é bom o suficiente para governar
o outro sem o consentimento deste." **Abraham Lincoln**

"E como dizia Dom Pedro, acordando da ressaca, no dia 8 de setembro: eu ontem proclamei o quê?" **Millôr Fernandes**

"Em Pierre Elliot Trudeau, o Canadá finalmente produziu um líder político que vale a pena assassinar." **Irving Layton**

"A palavra — liberdade — na boca do Sr. Webster soa como a palavra — amor — na boca de uma prostituta." **R. Waldo Emerson**

"Você não pode lograr todo mundo, o tempo todo."
Abraham Lincoln

"Você pode lograr todo mundo, o tempo todo; desde que a propaganda seja bem-feita, e o orçamento seja suficiente."
Joseph Levine

“Ordem e Progresso.” Inscrição em nossa bandeira que os americanos imitaram — nós escrevemos e eles praticam.

“No Brasil, a política se resume em não deixar a onça com sede, nem o cabrito morrer.” **Sérgio Porto**

“Sistema político brasileiro: temos, enfim, um alfaiate que, quando a roupa não fica boa, faz modificações na gente.” **Millôr Fernandes**

“A grandeza de uma nação não depende da extensão de seu território, mas, sim, do caráter do seu povo.” **Golbert**

“Leitor, suponha que você seja um idiota; e suponha que você seja membro do Congresso. Não, aí, eu estou me repetindo.” **Mark Twain**

— *Vossa Excelência é um purgante!*
— *Vossa Excelência é o efeito!*
Carlos Larcerda, no Congresso.

“No Congresso, um homem se levanta, fala e não diz nada. Ninguém escuta. Depois, todo mundo discorda. “ **Leonard Lyons**

“Os que não têm sorte e são descobertos vão parar na cadeia; caso contrário, vão parar no Congresso — mas são todos iguais.”
Eugene Field

“Pode-se ensinar a uma mosca quase tudo que um membro do Congresso pode aprender.” **Mark Twain**

“Jack Warner tinha bolsos de plástico para poder roubar sopa.”
Wilson Mizner

Constituinte: *Votar no senhor? Prefiro votar no demônio!*
John Wilkes: *Sim, mas se o seu amigo não se candidatar?*

“No Congresso, um homem se levanta, fala e não diz nada. Ninguém escuta. Depois, todo mundo discorda.”
Leonard Lyons

J. Heckler: *Eu sou um democrata!*
T. Roosevelt: *Posso perguntar ao amigo, por que é democrata?*
J. Heckler: *Meu avô foi democrata; meu pai foi democrata e eu sou democrata!*
T. Roosevelt: *Meu amigo, suponhamos que seu avô tenha sido um asno; seu pai tenha sido um asno; o que seria você?*
J. Heckler (rapidamente): *Um republicano!*

“Como é possível se conceber um sistema político de um único partido, em um país que tem uma variedade de mais de duzentos tipos de queijos?” **Charles de Gaulle,** sobre o seu país.

“Este não é um país sério!” *(“Ce n'est pas un pays serieux!”)*
Charles de Gaulle, sobre o nosso.

PONTUALIDADE

"Chegar atrasado a um compromisso é um ato claro de desonestidade. Apenas que, em vez de dinheiro, rouba-se o tempo de outra pessoa." **Horace Mann**

"Certo, querida, eu disse que chegaria depois das seis, mas esta é apenas a quarta garrafa." **Max Rhodes**

Hagar, o Horrível: *Querida, eu e meus vikings acabamos de descobrir a América!*
Helga, a esposa: *Não tem vergonha? Essa é a desculpa mais esfarrapada que eu já ouvi para um marido chegar tarde em casa!!*
Dik Brown

PSIQUIATRA

"Psiquiatra é um homem que vai a um show de strip-tease e fica olhando o público." **Stockwood**

"Qualquer um que vá a um psiquiatra deveria ter a cabeça examinada." **Sam Goldwyn**

Paciente: *Doutor, ninguém fala comigo!*
Psiquiatra: *Próximo!*
Relatado por **Martha Kramer**

Paciente: *Doutor, acho que tenho dupla personalidade.*
Psiquiatra: *Não falem juntos!*
Relatado por **Adrianne Mellon**

Psiquiatra: *Você tem dificuldades em tomar decisões?*
Paciente: *Bem, quer dizer... sim e não, doutor.*
Relatado por **Halina Stravos**

Paciente: *Doutor, perdi a memória!*
Psiquiatra: *Quando?*
Paciente: *Quando o quê?*
Relatado por **Valéria Olivier**

"Seu complexo de perseguição tem muito fundamento. O homem que o segue está querendo receber a conta que o senhor me deve." **Jack Tippit**

"Cura garantida — ou devolvemos a sua loucura." Anúncio em um hospital psiquiátrico. Relatado por **Marjorie Pearson**

"Ele melhorou muito depois que começou a ir ao psiquiatra. Agora somente bebe no divã." **Autoria indeterminada.**

PRUDÊNCIA

"Caranguejo velho não sai da toca em maré baixa." **Sérgio Porto**

"Mais preocupado do que rabo de gato em sala com cadeiras-de-balanço". Relatado por **Luis Silka**

"Perereca do brejo não coaxa em pedreira." **Sérgio Porto**

QUALIDADE

"Se algo vale a pena ser feito, vale a pena ser bem-feito."
Lord Chesterfield

RAIVA

"Tenha cuidado com a raiva do homem paciente." **Dryden**

"Um homem com raiva abre a boca e fecha os olhos." **Cato**

"Nunca discuta à mesa: aquele que não estiver com fome sempre terá os melhores argumentos." **Whately**

"Se ele lavasse o pescoço, eu o torceria!" **John Sparrow**

"Nunca responda a uma carta quando estiver com raiva." **Chung-Ha**

"Raiva: telefonema por engano, domingo de manhã, na hora daquele soninho bom." **Qualquer um**

RELIGIÃO

“Religião é o ópio do povo.” **Vladimir llyich Lenin**

“O que teria feito o homem, com sua limitada e insignificante imaginação para provocar a ira eterna de um Deus Todo Poder e Bondade, atraindo assim tanta miséria? Não duvido da existência de Deus, mas por essa intolerância, eu O ignoro.” **W. Somerset Maugham**, condensado de *Summing Up*.

“As religiões são fundadas no medo de muitos e na esperteza de poucos.” **Stendhal**

“Espero que um dia, ainda, o Cristianismo esteja tão decadente que sofrer não seja virtude, e nem o prazer seja pecado.” **W. Somerset Maugham**

“Somos para os deuses o que as moscas são para as crianças: matam-nos para divertir-se.” **W. Shakespeare,** em MacBeth.

“A gente comum não sabe fazer orações; sabe fazer somente pedidos.” **Bernard Shaw**

“*God,* ao contrário é *Dog.*” **Dianne Keaton,** em Sleeper.

“Até Cristo ensinou heresia — Pai Nosso, que estás no Céu — quando se sabe que Deus está em todas as partes.” **Voltaire,** em Dicionário Filosófico.

“Se somarmos toda a felicidade deste mundo de um lado, e toda infelicidade do outro, veremos que este planeta pertence, amplamente, ao segundo lado.” **W. Somerset Maugham**

"Uma vida correta é a única religião." **Thomas Fuller**

"Sou da religião Evangélica Biscateriana." **Deodato Weber**

"Se os homens acreditarem, como eu acredito, que esta terra é o único Céu, se esforçarão para torná-la um Céu." **Arthur Keith**

"Será que Deus precisa dos elogios e louvores que Lhe presta a mísera humanidade? Parece-me um puxa-saquismo!" **W. Somerset Maugham,** em *Summing Up.*

"Temei o homem que não teme a Deus!" **Abd-El-kader**

"O homem, que não sabe como a água entra no côco, quer entender Deus?" **Origem yorubá** (Nigéria), quando os catequistas explicavam que Deus é dividido em três.

"Religião é um grande Talvez." **Rabelais**

"A verdadeira riqueza de um homem é o bem que ele faz neste mundo." **Mohammed**

"Eu amo a Deus amando as suas criaturas." **Riley**

— Acredito, senhor, que Deus está do nosso lado.
— É mais importante que nós estejamos do lado de Deus!
Abraham Lincoln, a um de seus delegados, durante a Guerra da Secessão.

"Sou ateu, graças a Deus!" **Buñuel**

SEXO

“É melhor gastar do que enferrujar.” **Bispo Cumberland,** apesar de que, na oportunidade, referia-se ao corpo em relação ao trabalho.

“Só existem duas coisas importantes na vida. A primeira é sexo e a segunda eu não me lembro.” **Woody Allen**

“Foi de cardear as bronzinas!” **Mecânico Almir,** depois da primeira noite com a esposa, após um ano de Graham Bell, Nigéria.

“Sexo é parte da Natureza, e eu sigo a Natureza.” **Marylin Monroe**

“Quando eu podia, eu não podia; agora que posso, não posso.” **Rui Barbosa,** sobre as vicissitudes da juventude e as atribulações da velhice.

“Já se passou um mês e vinte e seis dias desde a última vez que Medjuel dormiu comigo. Qual será a razão?” **Lady Ellensborough** (aos 73 anos de idade.)

“Aquela mulher fala dezoito idiomas e não sabe dizer NÃO em nenhum deles.” **Dorothy Parker**

“Não são os homens na minha vida o que interessa, mas sim, a vida nos meus homens.” **Mae West**

“Minha vida sexual cresce de acordo com a minha conta bancária.” **Dadico**

“Haverá sexo após a morte, apenas não poderemos experimentá-lo.” **Lily Tomlin**

"Atafuaiar o mandorová." Definição de **Floriano Oliveira.**

"Na cama, ele era o Mercedes-Benz dos homens." **Marlene Dietrich,** sobre Frank Sinatra (como ela era alemã, considerava aquele automóvel o melhor que havia.)

"Todo o homem que eu conhecia, sonhava com Gilda e acordava comigo." **Rita Hayworth,** sobre seu mais famoso personagem cinematográfico.

"Eu rolaria com ela, no feno, mesmo que ela fosse um rabino de verdade!" **Benney Dean,** durante filmagens, ao lhe perguntarem se rolaria com lngrid Bergman se ela fosse uma freira de verdade.

"Sexo via oral ou intramuscular". **Millôr Fernandes.**

SOCIEDADE

"Uma andorinha sozinha não faz verão." **Miguel de Cervantes,** em *Dom Quixote.*

"Jogue na parede: se grudar, é gato; se cair no chão, é ladrão." **Seleção popular.**

"Não vejo mulher! Isto aqui mais parece baile de estivador!" **Dico da Mangueira**

"À noite, todos os pardos são gatos." **Millôr Fernandes**

"Pássaros da mesma penugem voam juntos." **Minsheu**

"Quando uma pomba começa a andar com corvos, suas penas continuam brancas, mas seu coração fica negro." **Günther Kinder**

"Se você sempre anda com aleijados, logo aprenderá a mancar." **Origem latina.**

"Além dos convidados, vieram também os aderentes e paralelos." **Izidoro Virmond**

"Sabe o quanto eu sou esperto? Eu me cerquei de gente que sabe mais do que eu." **Louis. B. Mayer**

— *Não tolero idiotas!*
— *Engraçado, sua mãe tolerava!*
Dorothy Parker

"É melhor um diabo conhecido do que um anjo desconhecido." *("Es mejor un diablo conocído, que un ángel desconocido.")* **Origem catalã.**

"Não entraria para nenhum clube que me aceitasse como sócio." **Groucho Marx**

SOGRA

"Minha sogra faz seu próprio iogurte. Compra o leite e olha, fixamente, por alguns segundos, as garrafas." Contado por **Angus Jeremy.**

“Se a minha sogra desaparecesse, não poderia dar a descrição dela à polícia — eles não acreditariam.” **Harrison Frey**

“Primavera: uma virgem. Verão: uma mãe. Outono: uma viúva. Inverno: uma sogra.” **Origem polonesa.**

“Minha sogra estava se afogando
E o meu sonho estava se realizando
Mas, um salva-vidas, um tremendo negão
Trouxe a velha nos braços
Mas, na onda, perdeu o calção
Todo mundo achava enorme
A coragem do negão.”
Afrânio de Mello, em *Praia de Ramos.*

SUCESSO

“Tenho sempre observado que, para se obter sucesso neste mundo, é preciso ser esperto, mas parecer tolo.” **Montesquieu**

“É impossível, mas não difícil!” **Paquito,** sobre as chances de vitória de sua equipe, no campeonato paranaense.

“É difícil — mas não é possível!” **Brito Cunha,** sobre as possibilidades de classificação da seleção brasileira de basquetebol, no Pan de Caracas.

“Os jogadores de futebol brasileiros são os melhores jogadores de futebol do Brasil.” **Millôr Fernandes**

“Estar em último lugar pode ser ruim. Mas quando houver necessidade de retirada, você estará em primeiro.” Extraído de **Exame.**

“O solo aqui é tão rico que basta fazer-lhe uma cócega, com a enxada, e ele sorri com uma colheita.” **Jerrold**

“Eu nasci em beiço de lagoa, e vou perder pulo pra sapo?” **Olívio Santos**

“O sucesso tem muitos pais. O fracasso é órfão.” **John F. Kennedy,** depois do malogro da Baía dos Porcos.

“Depois que um sujeito fica famoso, aparece logo alguém que foi seu colega de escola.” **Kim Hubbard**

“Se você for bem-sucedido, entra pela porta da frente, com as flores; caso contrário, sai pela porta dos fundos, com o lixo.” **Robert Stack**

“O sucesso é uma bexiga flutuando acima de um grupo de garotos armados com alfinetes.”
Gene Fowley

TÁXI

"Você deve se cuidar, quando estiver na Inglaterra, para não ser logrado pelos condutores de bigas." **Marcus Tullius Cicero** (106-43 A.C.)

"Suas orelhas pareciam um táxi com as portas abertas." **Howard Hughes,** sobre Clark Gable

— *"Consiga-me um táxi!"* **Robert Benchley,** a um homem de uniforme.
— *"Sou um almirante da Marinha dos Estados Unidos!"*
— *"Tá bom, tá bom, então consiga-me um contratorpedeiro!"*

— *Chame-me um táxi!*
— *Pois não, o senhor é: um táxi!*
Contado por **Craig Bannion.**

TRABALHO

"As coisas aqui são feitas como os elefantes fazem amor — em alto nível, aos urros e berros e levam dois anos para apresentar resultado." Extraído de **Exame.**

"Trabalhador milagroso. Quando trabalha é um milagre." **Autoria incerta**

“É um ótimo cão de guarda. Se você ouvir um barulho, basta acordá-lo que ele já começa a latir.” **Origem incerta.**

“Tenho um grande emprego: lavo elefantes no zoológico.”
Domínio popular americano

“Sabe que esse bichinho tem razão?!” **Joe Cox,** ao observar um inseto serrando madeira, o que lhe sugeriu a ideia para inventar a Oregon, a corrente das motosserras.

“Cruzar sapo com Coca-Cola dá uma Coaxa-Cola”.
Humor inglês *(“Croak-a-Cola”).*

“Ele entende que férias de trabalho é descansar à sombra de uma bela morena.” **Anônimo.**

“O Sr. Chamberlain gosta do homem que trabalha. Gosta de vê-lo trabalhar!” **Winston Churchill**

“Prefiro gostar do homem que trabalha a ser um deles!”
Clarence Darrow

“O meu destino foi traçado no baralho
Não fui feito pro trabalho
Eu nasci pra batucar.”
Bittencourt em *Felicidade.*

“Adeus, sr. Zanuck. Foi um prazer trabalhar na 16th Century Fox.”
Jean Renoir, ao deixar a 20th. Century Fox (que significa Século Vinte, sugerindo a Darryl Zanuck, um atraso de quatro séculos).

“É melhor do que trabalhar.” **Robert Mitchum,** sobre a sua profissão de ator.

“Estou pensando em cruzar abelha com vagalume, assim os bichinhos podem trabalhar em turno da noite.” **Rui Marques**

“Eu vou cruzar um cachorro-policial com uma cabrita. De dia dá leite e à noite cuida da casa.” **Alcídes Galiciolli**

TRANSEXUAL

“É esse bichinho do casquinho partido que pula alegremente pela floresta?” **Alcídes Galiciolli.**

“E de que sexo, posso perguntar, é a mãe?” **Dorothy Parker,** quando lhe informaram que um famoso transexual viria visitar a mãe.

“Fiz uma lista de coisas de que precisava para sobreviver. Bem no alto da lista, estava em descobrir um médico, em algum lugar, que me ajudasse a mudar de sexo.” **Wendy Carlos** (ex-Walter), um dos primeiros artistas a mudar de sexo. Ele é o autor da trilha sonora de Laranja Mecânica.

“Mas, bah, parecia casa de esquina. Dava pros dois lados, tchê.” **Luis F. Veríssimo,** em *O Analista de Bagé.*

“Seu pai queria um menino. Sua mãe queria uma menina. Ambos estão satisfeitos.” **James Stapleton**

“Homem que desmunheca e mulher que pisa duro não enganam nem no escuro.” **Sérgio Porto**

“No primeiro ato, ela se torna uma dama. No segundo, ele se torna uma dama.” **Alexander Woolcott**

“Eu gosto dele e de sua esposa. Ele é uma verdadeira dama, e ela, um perfeito cavalheiro.” **Sidney Smith**

“Nesta viagem, não quero falar com ninguém, com nenhum homem e com nenhuma mulher — só com Alec Woolcott!” **Clare Booth**

VÍCIO

“Cocaína não vicia — eu sei, pois eu a estou usando há anos!”
Tallulah Bankhead

“A primeira regra do pôquer: um revólver derruba quatro ases!”
Al Capone

“Sanduíche”. Verbete oriundo de **Lord Sandwich** que, por não querer levantar-se da mesa de jogo, era servido daquela maneira.

“A melhor maneira de se jogar dados e cartas é: jogá-los fora.”
Chatfield

“Posso resistir a tudo, exceto à tentação.”
Oscar Wilde

"Orgulho-me de exercitar um grande autocontrole. Jamais bebo coisa alguma mais forte do que gin antes do café da manhã." **W. C. Fields**

VIDA

"Levando a vida aos peitaços, que nem tatu em barranco."
Origem gaúcha

"A experiência é um pente que a vida nos dá quando não temos mais cabelos." **Autoria indeterminada.**

"Fumar não faz mal à saúde. Um tio do meu pai nunca fumou...
E morreu." **Hortêncio Marcondes**

"A vida é um quebra-cabeças com peças faltando." **Greene**

"Viver é desenhar sem borracha." **Millôr Fernandes**

“A vida sempre tem as suas compensações: enquanto a gente sofre, tem gente que se diverte.” **Autoria incerta.**

“Não gosto de como as cartas são embaralhadas, mas gosto do jogo, e quero jogar.” **Eugene Hare**

“Não importa o quanto se vive, mas como se vive.” **Bailey,** em Festus.

“Como em um conto, não importa o quanto é longo, mas o quanto é bom.” **Sêneca**

“A vida é uma tragédia para os que sentem, e uma comédia para os que pensam.” **La Bruyére** *(também atribuído a Walpole).*

“Nós chegamos e choramos, e isso é vida; nós bocejamos e partimos, e isso é morte.” **Ausone de Chancel,** em *Lines in an Album.*

“Ninguém deve se desesperar enquanto respirar. Enquanto há vida, há esperança.” **Erasmus**

“Levanta, sacode a poeira e dá a volta por cima”. **Paulo Vanzolini**

“Não é somente ocioso aquele que nada faz, mas também aquele que está mal-empregado.” **Sócrates**

“Viva e deixe viver.” *(“Live and let live.”)* **Schiller**

“Eu vou viver bem esta metade de minha vida — a outra não me interessa.” **Eroll Flynn** *(motivo pelo qual sempre procurou viver bem, pois não se sabe onde é a metade da vida por ignorarmos a hora da morte.)*

“Quando tiver dúvida, não faça nada”. *(“When in doubt, do nowt.”)* **Provérbio inglês**

"Savoir faire." **Ditado francês,** que significa rapidez de ver e fazer a coisa certa.

"A maior parte das pessoas têm medo da morte porque não aproveita bem a vida." **Peter Ustinov**

"Se não tentássemos tanto ser felizes, poderíamos nos divertir à beça." **Edith Wharton**

"A vida é como uma cebola. Descascamo-la camada por camada e, às vezes, choramos". **Carl Sandburg**

"Aquele que tem um PORQUÊ para viver pode enfrentar todos os COMOS." **Friedrich Nietzsche**

"Olhem para mim: eu me fiz sozinho. Comecei do nada e fui progredindo até um estado de extrema pobreza." **Groucho Marx**

"Mais largado do que alpargata de bêbado em cancha de bocha." **Origem gaúcha.**

"Eu, sim, enfrentei dificuldades. Comecei por cima e fui lutando todo o caminho, até bem embaixo." **Orson Welles**

"Viva rápido, morra jovem e tenha um cadáver de boa aparência." **John Derek,** em *Knock at Any Door.*

"Mais vale quem Deus ajuda do que quem amanhece com o passarinho na mão." Confusão de ditados, relatado por **Deodato Weber.**

"Mais vale ser rico e com saúde do que pobre e doente. " **Provérbio melhorado.** *("Mais vale ser pobre e com saúde do que rico e doente" é o original.)*

"Os doutores querem me manter vivo. Eu quero viver!"
Alexander Woolcott

"Muitas vezes, o grande teste de coragem é viver e não morrer."
Alfieri

"Só o fato de existir já me deixa feliz." **Isadora Duncan**

"Que os animais mereçam tratamento mais humano ainda é discutível; nós é que não podemos continuar nessa vida de cachorro." **Millôr Fernandes**

"Possa você viver todos os dias de tua vida!" **Jonathan Swift**

"Aprendi na vida que é bom ser importante; porém, é mais importante ser bom." **Corbett**

"Bacencia, batrício? Meu lujinha faliu, meu mulhé fugiu com bolícia, quer tomar trem da Norte, toma trem da Sul, Jurginho engoliu o bassagem, Nagibinho sujou no calça, batrício fala bacencia com meu vida?" **Salim Abdalla**

"Querida, é para isso que serve a vida — para corrermos riscos."
Rowley Flint (personagem de *W. Somerset Maugham)* ao resolver se casar. Última frase do romance *Up at the vill.*

"Minha vida é uma peça estúpida e desprezível que alguém pregou em mim." **Conde Liev Tolstói,** aos 45 anos de idade, depois de haver escrito *Guerra e Paz,* que é considerado o maior épico que a humanidade conheceu.

"O porre da juventude o deixou com uma má ressaca na velhice."
W. Somerset Maugham, sobre o Conde Liev Tolstói.

“Não leve a vida muito a sério. Você jamais irá sair vivo dela.” **Eugene Hare**

“Se Roosevelt estivesse VIVO, rolaria na SEPULTURA!” **Sam Goldwyn**

“Não é verdade que eu vivo pensando em sexo. Só penso em sexo enquanto estou respirando.” **Woody Allen**

“Os primeiros quarenta anos da vida nos dão o texto; os próximos trinta, nos dão o comentário.” **Schopenhauer**

“O problema da vida é que quando a gente está bem experiente para aproveitá-la, ela está chegando ao fim.” **Nhô Abé**

“Eu vivo a minha vida como um passageiro em um porto, em guerra. Nunca se sabe quando o navio zarpará, mas eu estou sempre preparado para ir a bordo, a qualquer momento que chamarem.”
W. Somerset Maugham

“Os homens conhecem a vida muito cedo; as mulheres, muito tarde.”
Oscar Wilde

"Certas coisas da vida, a gente simplesmente não pode sacrificar." **Clint Eastwood,** sobre a cerveja.

"É difícil um homem não estar dominado por, pelo menos, um dos elementos deste trinômio: dinheiro, poder ou mulher". **Origem latina**

"Você tem que acreditar em você mesmo: este é o segredo!" **Charles Chaplin**

"Eu vos desejo toda a alegria que vós desejais a si próprios." **W. Shakespeare,** em *Merchant of Venice,* ato IV, cena I.

"Quando eu tinha doze anos, entrei em uma sinagoga para aprender o significado da vida. Eles me ensinaram, só que em hebraico. Como eu não sabia hebraico, queriam me cobrar 60 dólares para me ensinar hebraico." **Woody Allen**, em *Zelig.*

"Prefiro viver intensamente a extensamente." **Noel Rosa** (1910-1937) quando lhe aconselhavam, por sua frágil saúde, a não ficar esperando a bailarina Ceci, sua grande paixão, à saída do cabaré Apolo.

"Morar na Nigéria dá saudades até da sogra." **Júlio H. Costa**

"A Sra. Holden finalmente achou uma maneira de fazer com que todos parassem de provocá-la: morreu." **Jane Austen,** autora de *Orgulho e Preconceito,* em carta à sua irmã Cassandra.

"Solicitamos a Monsieur Balzac para não comparecer ao escritório hoje, pois haverá muito serviço." Advogado **Maître Guyonnet,** ao seu assistente Honorè de Balzac, em seu primeiro emprego.

"Elephant and Castle." Nome do **bairro,** em Londres, onde nasceu e viveu a infância o genial Charles Chaplin.

"Estou naquela idade em que me sinto em casa quando estou em um museu." **James Stewart**

"As três melhores coisas da vida: cerveja gelada, gado na invernada e mulher pelada. As três piores coisas da vida: cerveja quente, gado doente e mulher da gente." **Popular.**

"Liberdade ou morte!" **Patrick Henry,** herói da independência americana. Anos mais tarde, foi usada por D. Pedro I que, pelas circunstâncias, não deve ter tido tempo de citar o autor original.

"É verdade que usamos menos roupas do que as paulistas; em compensação, levamos muito mais tempo para tirá-las." **Uma carioca de Ipanema,** ao Dr. lasso Fragoso.

"Neste momento, eu saudoso me retiro / Pois teu velho é ciumento E eu não quero levar um tiro" **Noel Rosa,** em *Malandro Medroso*

Princesa de Maine: *"Que diferença há entre mim e o relógio?"*
Bernard de Fontenelle: *"O relógio marca as horas, e Vossa Alteza faz esquecê-las."*

"Tornaremos a falar nisso quando eu estiver velho." **Georges Clemenceau,** aos 83 anos de idade, quando lhe sugeriram um método revolucionário para rejuvenescer.

"Lá em casa somos em seis irmãos e o único que não tem apelido é o Guspo Seco." **Tuca Galiciolli,** aos cinco anos de idade, sobre seu magro irmão Ricardo.

"Mas ele me pôs no Inferno!" **Biagio de Cesena,** para o papa Paulo III, reclamando da peça que Michelangelo lhe pregara ao retratá-lo no Inferno, ao pintar o *Juízo Final*, no Vaticano.

"O senhor é o célebre Paderewski? O grande pianista? E fizeram-no presidente da República? Coitadinho! Que decadência!" **Georges Clemenceau,** para Ignacyo Jan Paderewski, quando este era presidente da Polônia.

"Isso deve ter sido consequência de algum profundo estudo de si mesmo." **Talleyrand,** sobre Fouché, que dizia ter um profundo desprezo pela natureza humana.

"Quer dizer que em inglês se usam as palavras ao contrário? Por isso é que TICO-TICO NO FUBÁ? nos Estados Unidos, é BAFO NO FUTICO" **Deodato Weber**, em *Inocentes Memórias da Vida Escolar.*

"Veja, aqui há um erro: quando uma pessoa é decapitada, a pele do pescoço encolhe um pouco." **Mohammed II**, para Gentile Bellini que pintara, sob encomenda, São João Batista degolado. A seguir, o sultão decapitou, com sua cimitarra, um de seus servos para que o famoso pintor italiano visse exatamente como ficava. Bellini considerava esta a crítica mais convincente que ele recebeu em toda a sua vida.

"Sem mais, para acabar / Um grande abraço queira aceitar / De alguém que está com fome / Atrás de um convite para jantar." **Noel Rosa,** em *Cordiais Saudações.*

"É..." Nome de uma peça de **Millôr Fernandes.**

EPÍLOGO

"Adeus, Adeus, Adeus
Palavra que faz chorar
Adeus, Adeus, Adeus
Não há quem possa suportar

Adeus é tão triste
Que não se resiste"
Ismael Silva / Francisco Alves / Noel Rosa

"ADEUS"

"Está bom, mas acho que você deveria ter dado um final mais quente ao teu livro: um palito de fósforo!" **Autoria indeterminada.**

FIM

"E agora, em homenagem ao meu fim /
Não falem desta mulher perto de mim."
Lupicínio Rodrigues

SOBRE O IDEALIZADOR

Izidoro é brasileiro, solteiro (até onde se lembra). Vocação original de domador de potros, acabou sendo levado pelo sistema a estudar no *Central London College*, de *Tottenham Court Road* e a morar cinco anos na Nigéria. Na *Omark*, teve a oportunidade de preparar este alimento espiritual cujos ingredientes são muitas frases engraçadas de celebridades, temperadas com outras sóbrias e profundas. Na foto, é o que está saindo da casa. Também acha que não se deve levar a vida muito a sério, pois, realmente, jamais conseguiremos sair vivos dela.

www.editorainverso.com.br
facebook.com/editorainverso
@editorainverso
(+55 41) 3254-1616 e 3538-8001
(+55 41) 99798-7623